Rainer Holbe, 1940 in Komotau/Böhmen geboren, verbrachte seine Schulzeit in Frankfurt. Als Volontär begann der 1959 bei der *Frankfurter Rundschau*, von 1960 bis 1965 war er Redakteur bei dieser Zeitung. Anschließend bis 1972 war er Leiter des Frankfurter Büros der Zeitschrift *Bild und Funk*. Seit 1974 ist er Moderator und Redakteur für besondere Aufgaben bei RTL-Radio Luxemburg. Dafür wurde er 1988 mit der »Goldenen Kamera« ausgezeichnet. Zweimal im Jahr veranstaltet Holbe auch Seminare zum Thema »PSI« im Etora-Zentrum auf Lanzarote. Die Zeitschrift »Unglaubliche Geschichten« erscheint monatlich. Holbes Karriere als TV-Moderator begann 1966, als er sich bei einem Quizmaster-Wettbewerb der ARD bewarb, um darüber für seine Zeitung zu berichten. Zu seiner eigenen Überraschung wurde er zum Sieger erklärt. Daraufhin bot ihm das ZDF die Moderation der Sendung »Show Chance« an. Von 1968 bis 1980 moderierte er die ZDF-Abendshow »Starparade«. Außerdem sah man ihn als Moderator in zahlreichen anderen Sendungen des ZDF. Für den Hörfunk und das deutschsprachige Fernsehen von RTL macht Rainer Holbe u. a. die Moderation und Redaktion der Reihe »Unglaubliche Geschichten«.

Von Rainer Holbe sind ebenfalls als Knaur-Taschenbücher
erhältlich:

»Botschaften aus einer anderen Dimension« (Band 1770)
»Ein Toter spielt Schach und andere unglaubliche Geschichten«
(Band 1769)
»Knaur LeseFestival – Unglaubliche Geschichten« (Band 1349)
»Knaur LeseFestival – Neue unglaubliche Geschichten« (Band 1534)
»Bilder aus dem Reich der Toten« (Band 3868)
»Magie, Madonnen und Mirakel« (Band 3869)

Originalausgabe 1988
© 1988 by Droemersche Verlagsanstalt Th. Knaur Nachf., München
Das Werk einschließlich aller seiner Teile ist urheberrechtlich geschützt.
Jede Verwertung außerhalb der engen Grenzen des Urheberrechts-
gesetzes ist ohne Zustimmung des Verlages unzulässig und strafbar.
Das gilt insbesondere für Vervielfältigungen, Übersetzungen,
Mikroverfilmungen und die Einspeicherung und Verarbeitung
in elektronischen Systemen.
Umschlaggestaltung Wolfgang Lauter
Umschlagfoto Photodesign Mall
Satz Appl, Wemding
Druck und Bindung Ebner Ulm
Printed in Germany 5 4 3 2 1
ISBN 3-426-02056-4

Rainer Holbe:
Wir von Atlantis

Protokolle aus fernen Zeiten

Den Atlantidern von heute und gestern gewidmet . . .

Der organische Fallout aus dem Weltall, von dem Darwin noch nichts wußte, erklärt die vom Darwinismus nicht erklärbaren fehlenden Glieder in der Evolutionstheorie.

Sir Fred Hoyle, englischer Astronom

Inhaltsverzeichnis

Es war einmal . . .
Ein märchenhaftes Vorwort 9

Ein Priester-Architekt erinnert sich . . .
Prof. Merete Mattern und ihre unglaubliche
Geschichte 15

Schwebende Schiffe und fliegende Menschen
Meretes Rückkehr zu den Sternen 35

»Mein glückliches Leben im Tempel . . .«
Die Therapeutin Ingrid Zinnel lebte zweimal in
Atlantis 49

Unter der großen Kuppel
Penny McLean über die Rechtsprechung in Atlantis
nach karmischem Gesetz 75

Luna – die große Göttin
Susanne Moser und ihre blühenden Häuser 87

Eine galaktische Mission
Susanne und ihre Herkunft von den Plejaden 99

Das Geheimnis der Kristalle
Dr. Frank Alper und sein Kanal zum Kosmos 115

Die Magie der Rufungen
Dr. Siegfried Hermerding und die
mystische Fotografie 131

Assumada - Engel des Lichtes
Vom violetten Schein der Erde 155

»Am Anfang waren Ideen . . .«
David Luczyn interviewt durch Julie Aspioti den
»Alten« 167

Thot - ein genialer Gott
Die Theorien des Peter Krassa 189

Karlsruhe - die Sonnenstadt
Ein Gespräch mit dem Mikrobiologen
Dr. Jens Martin Möller 199

Eine Landkarte aus Stein
Rolf Röttges und seine mysteriösen Fundstücke . . . 225

Lebenskeime aus dem Weltraum
Der Astrophysiker Johannes von Buttlar und unsere
kosmische Existenz 241

Bibliographie 251

Bildnachweis 251

Es war einmal . . .

Ein märchenhaftes Vorwort

Es war einmal vor langer Zeit, da lebten über Tausende von Jahren hinweg Menschen auf einem großen Inselkontinent im Meer. Sie wohnten in Häusern, deren Wände aus blühenden Sträuchern bestanden, sie aßen herrliche Früchte und lebten in Eintracht mit Tieren, die schöner und bunter waren als all jene, die wir heute kennen. Um von einem Ort zum anderen zu kommen, benutzte man Schiffe, die sich auch in die Luft erheben konnten. Feuerkristalle schufen unsichtbare Energiesysteme, die sich wie ein Gitternetz um die ganze Erde zogen.

Die Menschen auf Atlantis waren groß und elastisch, und sie waren sich auch in unendlicher Liebe zugetan. Damit befolgten sie ein Gebot der Götter, deren geistige Prinzipien sie geerbt hatten. Denn die Idee zu Atlantis war einst von den Sternen gekommen, von einem Sternenhaufen vierhundert Lichtjahre von der Erde entfernt, den wir die Plejaden nennen.

Kosmisches Bewußtsein verband sich mit den geistigen Strukturen des Planeten Erde und machte diesen zu einem Paradies. In herrlichen Tempeln wurde das Wissen um die Welt verwaltet und gepflegt. Priester heilten mit dem Wasser des Lebens, sprachen Recht und animierten zu Freude und Fröhlichkeit. Kein lautes Wort fiel, denn die Menschen von Atlantis verständigten sich mit Gesten, Blicken und Gedanken. Sie lebten ganz in der göttlichen Idee. Ihr Geist schuf beständig Materie, gestaltete und

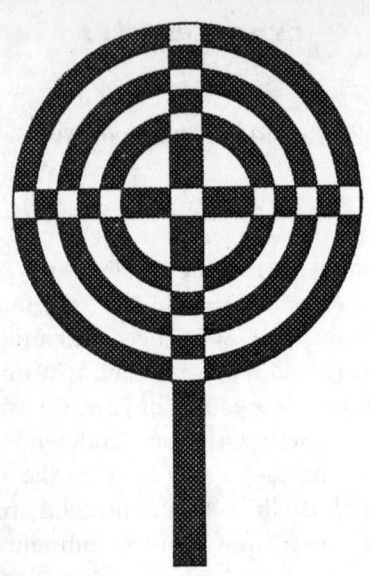

Das Kreuz von Atlantis? Auf prähistorischen Steinkreisen und Opferblöcken findet man häufig dieses Zeichen. Es soll die drei Kreismauern der atlantidischen Hauptstadt mit den sie durchquerenden Wasserstraßen symbolisieren. Der Schaft des Kreuzes soll der Einfahrtskanal in die Metropole sein. (Aus Otto Muck »Atlantis«)

formte sie zu Mysterienstätten, in denen der universellen Ganzheit gehuldigt wurde. Vieltausendfach schallten die Botschaften der Freude in die Nacht hinaus.

So vergingen Jahre und Jahrhunderte. Die Erde veränderte ihre Bahn, die Kontinente teilten sich. Aus dem fernen Hyberborea kamen Menschen auf der Flucht vor der Kälte. Die Tage auf Atlantis, über die bisher ein milchiger Dunstschleier gelegen hatte, wurden hell und klar. Der Mond verlor seine magische Bedeutung und trat seine Herrschaft an die Sonne ab.

Die Bewohner von Atlantis stärkten ihre Körper, bekamen Knochen und harte Schädel. Die alten Begabungen verschwanden und damit auch der Gleichklang mit der Natur. Alles wurde härter, fester und beständiger. Die Menschen horteten Besitz, kämpften um Land, verwendeten die alten Zauberrituale, um ihre Macht zu stabilisieren.

Katastrophen beutelten Atlantis. War ein Mond auf die Erde gefallen oder ein riesiger Komet? Niemand weiß es mehr genau. Die Insel begann auseinanderzubrechen. Schon vorher hatten Hunderttausende von Atlantiden ihre alte Welt verlassen und waren in alle Himmelsrichtungen gezogen. Sie nahmen das Wissen von Atlantis mit in ihre neue Heimat, bauten Pyramiden und Tempel, heilige Stätten aus gigantischen Felsbrocken, in denen sie den Zauber des alten Inselreiches bewahrten.

Atlantis versank in den Fluten des Meeres, das von ihm seinen Namen hat. Aber in den Sagen und Mythen der Erdenvölker lebt es beständig weiter.

Ist Atlantis also ein Märchen, eine *unglaubliche Geschichte?*

Ich denke, es ist eher eine *unendliche Geschichte*, denn die Idee eines versunkenen Utopia, einer Hochkultur des Geistes, hat in allen Zeiten die Phantasien beflügelt.

Für dieses Buch habe ich mit Menschen gesprochen, von denen einige sagen, daß sie während einer bestimmten Epoche in Atlantis gelebt haben. Darunter ist ein ehemaliger Bankdirektor, eine Psychotherapeutin, eine Architektin, eine Sängerin und ein Kaufmann. Ohne voneinander zu wissen, berichten sie von ihrer Existenz in einer für uns bizarren und fremdartigen Welt, einer geistigen Struktur, die wohl dem Idealbild einer menschlichen Gesellschaft entspricht.

Sie erzählen die unterschiedlichsten Erlebnisse und Geschichten, die sich in Details auch zu widersprechen scheinen. Geht man davon aus, daß diese visionären und teilweise in Rückführungen gewonnenen Erkenntnisse eine reale Wirklichkeit besitzen, muß auf die lange Geschichte der atlantidischen Gesellschaft hingewiesen werden, die sich über hunderttausend Jahre erstreckt haben soll und natürlich unzählige kulturelle und politische Epochen umfaßte.

Auffallend ist auch, daß kaum verwertbare historische Daten genannt werden. Wer die schon klassischen Protokolle von Reinkarnationstherapien liest, wird darüber nicht verwundert sein, tauchen doch bei den Klienten stets nur fragmentarische Bilder auf; gewissermaßen *Erinnerungsfetzen* an eine frühere Existenz.

Bei einigen wenigen Gesprächspartnern mögen visionäre Erfahrungen durch sowohl historische Informationen von Platon wie auch durch mediale Berichte der Okkultisten Helena Petrowna Blavatzky, des Theosophen Rudolf Steiner und des amerikanischen Sehers Edgar Cayce ergänzt worden sein.

Astrologen weisen darauf hin, daß der mögliche Untergang von Atlantis vor etwa zehntausend Jahren stattfand, als die Erde den Frühlingspunkt im Tierkreiszeichen erreicht hatte und damit das Löwen-Zeitalter dominierte. Sie sprechen vom »Weltenjahr«, das 26000 Jahre umfaßt, in denen sich die Erdachse – ähnlich wie bei einem Kreisel – von einer Seite zur anderen neigt. Der Zeitraum von 26000 Jahren wird auch das Große oder Platonische Jahr genannt.

Demnach befand sich Atlantis astrologisch gesehen genau in Opposition zum Beginn des jetzigen Wassermann-Zeitalters, das das Zeitalter der Fische ablöst. Es wurde in der westlichen Welt vom Christentum geprägt und soll seinen Anfang zu Christi Geburt gehabt haben.

Erwähnenswert ist auch die astrologische Theorie vom plutonischen Prinzip, das zur Endzeit von Atlantis geherrscht haben soll und nach dem in der heutigen Zeit Menschen der Geburtenjahrgänge 1939 bis 1951 wieder angetreten sein sollen. Esoteriker sprechen vom »Spiegel Atlantis«, der uns jetzigen Menschen vorgehalten wird.

Am Übergang zum einundzwanzigsten Jahrtausend zieht die Menschheit Bilanz. Und das Ergebnis ist nicht eben überwältigend.

Eine Klimakatastrophe schickt ihre ersten Vorboten, das Ozonloch über der Erde ist kaum noch reparabel, Ost- und Nordsee sind zu stinkenden Kloaken verkommen und unsere Flüsse zu Abwasserkanälen degradiert. Unserer Sucht nach unbegrenztem Wachstum und Bequemlichkeit haben wir die Welt unserer Kinder und Enkelkinder geopfert. Auch ohne die Bedrohung durch atomare Feuer ist es uns gelungen, die verletzbare und überaus sensible Struktur dieses Planeten zu zerstören.

Ähnliches geschah vor langer Zeit wohl auch auf Atlantis. Die Voraussetzungen für den globalen Holocaust müssen die gleichen gewesen sein.

Und so unglaublich dies auch klingen mag, es waren die gleichen menschlichen Wesen, die heute wie damals Verantwortung tragen. So lauten jedenfalls die meisten Aussagen in diesem Buch. Nach karmischen Gesetzmäßigkeiten gibt es immer wieder eine Chance, Lektionen *zu lernen*, oder besser gesagt, *zu leben*, die man einst nicht begriffen hat.

Viele meiner Gesprächspartner meinen, daß Hoffnung besteht, die Katastrophe zu vermeiden. Noch sind wir nicht bei der Stunde Null angelangt, wie damals in Atlantis, als alles zerfiel und über Jahrtausende im Strudel der Zeiten versank. Nutzen wir ein paar Sekunden, die uns noch bleiben, und versuchen wir, aus alten Fehlern zu lernen. Orientieren wir uns an positiven Handlungen wie die der Männer und Frauen von »Greenpeace«, »Amnesty International« und den internationalen Friedensbewegungen.

Überprüfen wir unser eigenes Bewußtsein und unsere Handlungen im Alltag. Seien wir uns bewußt, daß jede Einkaufstüte aus PVC-Kunststoff sowohl bei der Herstellung als auch bei der Verbrennung giftige Stoffe erzeugt, an denen Meere und Wälder sterben. Wer sein Auto bleifrei und mit Katalysator fährt, hilft auch den Robben und damit *sich selbst,* zu überleben. Es gilt, unser Bewußtsein zu schärfen und zu verändern, so daß wir unserer Umgebung nicht schaden.

Wir leben in einem Zeitalter der totalen Information. Auch darin scheint unsere Gegenwart der atlantidischen Endzeit zu gleichen. Wir haben die Möglichkeit, unser Wissen zu erweitern und zu potenzieren.

Niemand kann sagen, er hätte von all dem nichts gewußt.

Das Ende unserer Menschheit mag für das Universum noch nicht einmal ein Achselzucken sein. Es wäre trotzdem schade um eine vertane Chance. Wieder einmal.

Luxemburg, im Herbst 1988.   Rainer Holbe

Ein Priester-Architekt erinnert sich . . .

Prof. Merete Mattern und ihre unglaubliche Geschichte

Die Studenten lieben sie, ihre Vorlesungen sind überfüllt. Von manchen ihrer Kollegen wird sie belächelt. Doch Merete Mattern geht unbeirrbar ihren Weg für eine lebensfreundliche Welt. Sie war Professorin für Landwirtschaftsgestaltung an der Technischen Universität in Berlin und lehrte Architektur und Ökologie in Charlottesville in den Vereinigten Staaten. Zur Zeit arbeitet sie als Direktorin eines Instituts für Kosmologie an der Universität in Eindhoven.

Die Mutter von drei Söhnen, 1930 geboren und einst mit einem Philosophieprofessor verheiratet, fühlte sich schon als Kind mit der Natur verbunden, züchtete Blumen und pflanzte Bäume, zeichnete utopische Häuser und exotische Tempelanlagen. In Cannes erhielt sie von einer internationalen Jury zusammen mit ihrem Kollegen Mario Sama den ersten Preis für das Modell einer »Stadt der Zukunft«, für das inzwischen geomantisch wichtige Punkte als möglicher Bauplatz ausgesucht wurden: ein Gelände in Virginia, in Kanada, in Ojai (Kalifornien), in Peru oder auf Sardinien. Merete Mattern behauptet in dem folgenden Gespräch, daß ihre psychische Persönlichkeit aus dem Universum kam, daß sie in Atlantis reinkarniert wurde und daß auch ihr inzwischen preisgekröntes Projekt ein Abbild aus ferner Vergangenheit ist. Unterstützt werden diese Aussagen durch Erfahrungen innerhalb einer Reinkarnationstherapie, die sich über ein Jahr erstreckt hat.

Professor Merete Mattern mit einem ihrer Kristalle. Sie sagt, daß sie in Atlantis gelernt habe, daß Architektur nicht einfach ein Gefäß ist, das ausgefüllt werden muß, sondern daß es den Ausdruck unserer inneren Welt darstellt.

Merete Mattern, die als einer der geistigen Urheber der politischen grünen Bewegung gilt, leitet in Starnberg die Gruppe »Erde - Neues Zeitalter«. Ihre Erzählungen von Atlantis sind eine wahrhaft unglaubliche Geschichte.

Sie sagen, Sie haben in Atlantis gelebt. Sind diese Erinnerungen rein gefühlsmäßig oder haben Sie dafür auch historische Indizien?

Die Lehre der Kontinentalverschiebung bietet uns genügend Hinweise auf einen Urkontinent, der sich im Laufe der Erdgeschichte geteilt hat. Auch heute driften ja die Kontinente meßbar aneinander. Denkbar, daß während dieses geologischen Prozesses größere und kleinere Inseln untergegangen sind. Ich folge da im wesentlichen der Theorie des NASA-Experten Blumrich, der verschiedene Indianersagen untersucht hat. Nach den Überlieferungen der Hopis hat es bisher vier große Katastrophen gegeben, in denen frühe Zivilisationen untergegangen sind. Wir leben also jetzt in der fünften Entwicklungsphase. Diese Untergänge kann man durchaus wörtlich nehmen, sind sie doch auch durch Berichte in vielen alten Schriften als Sintflut überliefert. Nach dem Aufsplittern des Weltkontinents - also möglicherweise Lemuria - ist eines Tages in den heutigen Anden um den Titicacasee herum ein Inselreich entstanden. Bei einem zweiten großen Erdumbruch, der durch eine kosmische Reaktion - möglicherweise den Aufprall eines großen Kometen auf die Erdoberfläche - ausgelöst wurde, kam es zu gigantischen Veränderungen, die weite Teile von Lemuria vernichteten und den Titicacasee und seine Umgebung auf die jetzt bestehende Höhe hoben. Dabei wurde natürlich die bestehende Kultur verändert. Doch die Gegend blieb weiterhin Siedlungsgebiet und erlebte Jahrtausende später eine zweite Blütezeit. Atlantis begann zu entstehen. Dies war vor etwa hundertzwanzigtausend Jahren. Die esoterischen Berichte zeigen ein frühes atlantidisches Reich, ein mittleres und ein spätes.

Das frühe Reich sei mehr geistiger Natur gewesen und habe sich die Materie erst nach und nach erschaffen. Gibt es für diese Theorie reale Hinweise?

Ich vereinfache jetzt einmal komplizierte esoterische Theorien. Es heißt, daß aus dem untergegangenen Lemuria einzelne Gruppen übergesiedelt sind und damit die Urbevölkerung von Atlantis repräsentierten. Und dann sind sehr hohe Wesenheiten aus dem universellen Bereich gekommen, die noch nicht materialisiert waren. Sie kamen auch nicht, wie vielfach behauptet, in materiell verfügbaren Raumschiffen, sondern bildeten eine Art geistige Struktur, ein Bewußtseinsfeld. Um sich den physikalischen Gesetzen des Planeten anzupassen, haben sie sich dann nach und nach materialisiert und – folgt man den Berichten der Schöpfungsgeschichten aller Völker – auch mit der Urbevölkerung vermischt. Die Hopis nennen diese Geistwesen Kachinas, die sich mit den schönsten Töchtern der Erde zusammentaten, um Kinder zu zeugen. Dies, so sagen sie, sei der Ursprung der heutigen Menschenrassen gewesen.

Es ist also die alte Geschichte von den Göttern, die den Verlockungen der Menschen verfallen sind. Mit dem Fall des Geistes in die Materie sind sie gewissermaßen schwach geworden?

Grob vereinfacht, könnte man dies so ausdrücken. Dazu habe ich jedoch eigene Visionen, zu denen ich gleich noch etwas sagen möchte. Bleiben wir aber erst einmal bei den esoterischen Aussagen, nach denen immer vor einer Vermischung dieser rein geistigen Wesenheiten mit den etwas plumpen Erdentöchtern gewarnt worden sein soll. Die Abkömmlinge dieser Liaison waren die Bewohner des mittleren atlantidischen Reiches mit einer Zivilisation, die mit der heutigen kaum vergleichbar ist und in der möglicherweise schon mittels Gentechnologie Menschen gezüchtet wurden. Auch ein Teil unserer heutigen Tiere und Pflanzen sollen Züchtungsprodukte dieser Epoche sein, während andere, wie zum Beispiel der Mais, von anderen Planeten stammen sollen. Nach den Überlieferungen peruanischer Stämme sind in der zweiten Phase von Atlantis noch einmal geistige Wesenheiten aus dem Sternbild der Plejaden gekommen, die der nun vorhandenen Mischbevölkerung weitere spirituelle Schübe vermittelten und auch – so seltsam dies klingen mag – die Dinosaurier mit auf die Erde brachten. Dies ist natürlich für uns Wissenschaftler eine interessante Hypothese, weil wir damit die Darwinsche Lehre eigentlich ad acta legen müssen. Hier muß intensiv von den klassischen Naturwissenschaften her geforscht werden, denn wir fragen uns ja immer wieder in der Abstammungslehre, wieso solche gigantischen Exoten entstanden sind und wie sie so plötzlich verschwinden konnten.

Haben Sie denn eigene visionäre Erinnerungen an Atlantis?

Ich war ja Studentin und später Professorin in Charlottesville. Als junge Frau habe ich einmal meine Zeichnungen ausgestellt, und da kamen viele Menschen auf mich zu,

die mich ob dieser Werke eindeutig als Atlantiderin iden-
tifizieren wollten. Sie erkannten dies offenbar an der Art
meiner Arbeiten. In einem späteren esoterischen Seminar
erfuhr ich dann, warum in einer bestimmten Epoche von
Atlantis nur organisch gebaut worden ist und warum die
damals so eine hohe Kultur hatten. Eine bestimmte Form
von exotischer Architektur – wie die von Friedensreich
Hundertwasser* beispielsweise – ist für Esoteriker ein
deutlicher Hinweis auf atlantidische Erinnerungen.

*Eine solche Bauweise ist dann wohl immer in Einklang mit
der Natur und nicht gegen die Natur, zum Beispiel die
Natur des Menschen, zu sehen?*

Biologisch bauen heißt für mich, mit natürlichem Material arbeiten, wie Holz oder Lehm. Ökologisch bauen
heißt einen Selbstversorgungszyklus zu etablieren in
einem Haus oder einer Stadt, während eine organische
Bauweise ähnlich wie bei Pflanzen, Tieren oder Blüten
den Erkenntnissen der Naturgesetze folgt, was wir heute
Bionik nennen. Die Atlantiden müssen in einer bestimmten Phase ein so hohes Wissen gehabt haben, daß sie
Häuser haben wachsen lassen. Davon träumen wir heutigen Bioniker, daß wir nicht mehr Häuser bauen, sondern
daß wir aus ganz feinen Membranen einen Wachstums-
prozeß einleiten und daher ein ganzheitliches Gebilde
entsteht.

*Also Häuser aus Pflanzen, die aus Sympathie mit ihren
Bewohnern auch erblühen?*

* Zeitgenössischer Maler und Architekt von Weltrang.

Ja. Und in Atlantis blühten sie das ganze Jahr, weil die Schwingung zwischen Pflanzen und Tieren stimmte. Als junge Professorin wurde ich immer wieder aufgefordert zu meditieren, um in diesem Stadium noch mehr kreative Erinnerungen an meine atlantidische Zeit zu erhalten. Ich bin schon immer ein sehr aufgeschlossener Mensch gewesen, aber diese Hypothese über meine eigene Herkunft schien mir dann doch zu großzügig angelegt.

Aber Sie sind dann offensichtlich dem Rat Ihrer Freunde gefolgt und haben in der Meditation mehr über sich und Ihre Vergangenheit erfahren?

In dieser Zeit hielt ich meine ersten Vorlesungen an der Universität von Charlottesville in Virginia, und mir war ein Co-Professor zugeteilt, ein vierundzwanzig Jahre alter blonder Italiener von der griechischen Insel Samos. Schon eine merkwürdige Mischung. Und dieser Mario Sama erzählte mir, daß dort alle Männer so aussähen wie er.
Er behauptete, daß seine Vorfahren ursprünglich das Donaudelta bewohnt hätten und ausgewandert waren. Dieser mir auch im Aussehen verwandte Typ – man hielt uns überall für Geschwister – war mir nun als Kollege zugeordnet, was ich als eine Fügung des Schicksals empfand. Abends vor den Vorlesungen habe ich immer ein bißchen meditiert, und wenn wir dann morgens unsere Referate hielten, paßten die so gut zueinander, daß die Studenten schon von einem Wunderwerk sprachen. Und wir beide ertappten uns auch dabei, daß wir dasselbe wollten und dachten, bis wir uns nach der zwanzigsten Vorlesung einmal darüber unterhalten haben. Da gestand er, daß er auch immer abends auf seinem Bett lag und

diese Visionen hatte, die mit den meinen identisch waren. Mit ihm habe ich dann später diese Stadt der Zukunft entworfen, für die wir einen großen Preis erhielten. Ich vermute heute, daß Mario ebenfalls ein Atlantider gewesen sein muß, den ich später dann einfach wiedergetroffen habe. Wir ergänzten uns phantastisch und haben von morgens bis abends zusammen gesungen und häufig auch getanzt. Wir haben alles frei intoniert und dabei begonnen, diese Stadt zu entwickeln. Es war eine so harmonische Identität, die wir auch auf unsere Studenten übertrugen.

Mario brachte dann auch Wissenschaftler aus anderen Disziplinen, Biologen und Physiker mit neuen Ideen, um ein traumhaftes Gruppenseminar aufzubauen. Da stand nicht mehr ein Professor vor seinen Schülern, sondern alle zusammen entwickelten phantastische Ideen. So soll es auch in meiner künftigen Universität zugehen, daß alle Fakultäten gemeinsam diese neue Form des Lebens und der damit verbundenen integrierten Bauweise schaffen. Zusammen mit den Kollegen züchteten also Mario und ich Blumen und Bäume, aber auch Karotten und Erbsen. Und wir stellten verblüfft fest, daß sich das Wachstum veränderte, wenn wir andere Lieder intonierten oder beim Singen andere visionäre Bilder erschufen. Dies war für uns der Beweis dafür, wie Gedanken, Musik und deren Rhythmus eine Lebensstruktur beeinflussen. Dies ist der Kernpunkt meiner späteren Forschung geworden und hängt sehr mit dem Musikdom zusammen, der einmal Mittelpunkt unserer kosmischen Stadt werden soll.

Es war also so, Merete, daß sich hier alte atlantidische Freundschaften erneuert haben?

Natürlich. Allein beim Anblick von Mario durchfuhr mich so eine Art elektrischer Schauer, und ich hatte Visionen von seltsamen Landschaften und engelsgleichen Wesen. Ich war damals unerfahren und konnte nicht wissen, daß hier wohl tiefsitzende Erinnerungen angezapft wurden und Mario als Auslöser fungierte. Ich war als junge Frau Männern gegenüber äußerst scheu und habe niemals mit ihm darüber gesprochen. Aber auch er – obwohl wir doch gemeinsam und recht innig musizierten und sangen – war sehr zurückhaltend. Es war immer so ein unaussprechbarer, subtiler Bereich um uns herum. Erst am Ende eines Vorlesungszyklus gestand ich ihm diese Erlebnisse, wobei er mich durchdringend ansah und sagte: »Es ist seltsam. Das geht vielen Menschen so, Merete. Im Augenblick, wo sie mich sehen, gleiten sie in andere Bewußtseinsebenen.« Dieses Geständnis öffnete dann unsere Beziehung zu einem etwas tieferen Bereich. Kurz danach wurde ich schwer krank. Und in dieser Zeit setzten bei mir so überwältigende Visionen ein, die weit über das hinausgehen, was im Tibetanischen Totenbuch steht. Darüber will ich nicht sprechen, weil es uns von Atlantis wegführt. Aber ich habe während meiner Krankheit weiter an dieser Stadt der Zukunft geplant, und ich bin aus dieser tiefen Krankheit heraus in Cannes preisgekrönt worden. Der berühmte Architekt Louis Khan von der Jury stand immer nur vor unseren Plänen, weinte und weinte und sagte, so etwas hätte er noch nie gesehen. Und während er dies sagte, hatte ich das Gefühl, Khan müsse auch ein Atlantider sein, und es fänden sich hier die ersten Leute, die sich verstehen.

Für welches Projekt wurden Sie und Mario Sama da in Cannes ausgezeichnet?

Wir nannten es die »Solar-City« – die »Sonnen-Stadt«. Das war ein internationaler Wettbewerb unter dem Motto: »Wie sieht die Stadt der Zukunft aus?« Man sollte auch soziale Strukturen schildern und neue Einrichtungen für das Zusammenleben der Menschen vorschlagen. Der Wettbewerb war offen für Philosophen, Soziologen und Botaniker – also nicht gebunden an Architekten. Dreitausend Leute haben Vorprojekte eingereicht, und Mario und ich waren unter den Einsendern, die zu einem Vorgespräch gebeten wurden. Unter diesen 495 Leuten, die da nach Cannes reisten, haben wir beide den ersten Preis gewonnen.

Dieses Projekt »Solar-City« kann also eine Stadt aus Atlantis sein. Sozusagen eine Stadt aus der Vergangenheit, die eine Stadt der Zukunft wird?

Wir vermuten, daß uns einfach die Rückerinnerung zusammengeführt hat und auch der Louis Khan in diesen karmischen Zusammenhang gehört. Denn wäre da ein anderer Jury-Vorsitzender gewesen, wären wir vielleicht nie prämiiert worden. Er muß also dafür einen Sinn gehabt haben, und er gilt als einer der großen mystischen Architekten unseres Jahrhunderts, der mir auch sehr verinnerlicht vorkam.

Welche Chance besteht denn jetzt, Merete Mattern, daß solch ein Projekt, das momentan auf dem Papier steht und als Modell vorhanden ist, verwirklicht wird in dieser Welt?

Ich war damals schon der Ansicht, daß wir uns einfach ein Land und Siedler suchen müssen und alles aus uns selbst bauen, weil wir von keinem Staat eine Hilfe bekom-

Ein solcher Stadthausturm soll in Zukunft Lebensraum für Tausende von Menschen bieten. Die Architektin Merete Mattern behauptet, daß sie ihre Vorlage aus Atlantis hat.

men werden. Aber schon damals wollten wir diese Idee in den USA verwirklichen, weil dort billig Land zu haben ist und die Menschen dort aufgeschlossen sind für ein solches Projekt und den Mut zu anderen Lebensformen haben.

»Solar-City« war aber nicht die einzige Vision, die Sie aus dieser schweren Krankheitsphase mitbrachten. Es zeigten sich ja auch ganz deutliche ökologische Projektionen?

In der Tat hatte ich während dieser Krankheit so ungeheuere visionäre Erlebnisse, daß ich nach meiner Gesundung viel sensibler war und daß sich diese Erfahrungen zwischen Leben und Tod auch stabilisierten. Ich lernte Manfred S. kennen, mit dem ich durch die ganze Welt reiste, um die »Grünen«-Philosophie in die Politik zu bringen. Dabei setzten bei uns so tiefgründige Visionen ein, daß ich wußte: So, jetzt bin ich in Atlantis. Da war der vierte im Bunde gefunden, den ich als einen früheren Priester empfand, der für mich seltsame Rituale mit Kristallen ausführte. Er war in diesem Leben Physiker und erzählte auch immer, daß die neue Energiegewinnung auf der Kristallbasis stattfinden wird. Er wußte schon damals, daß nur mit Hilfe dieser neuartigen Energie die heutige Umweltkrise gelöst werden kann. Da er Atomphysik studiert hatte, reiste er unermüdlich um die Welt, um die ungewöhnlichsten Wissenschaftler aufzusuchen. Alle Esoteriker sagen, daß die alten Pyramiden von Bimini, die man jetzt schon vom Flugzeug aus im Wasser sieht, an die Oberfläche kommen werden. Damit werden wir einen Wissensschub erhalten und erfahren, wie die Transformation dieser alten Energie funktioniert. Für mich war schon immer klar, daß der Umweltschutz ein wesentlicher

Bestandteil meiner architektonischen Bemühungen sein müßte, um mit einer freundlichen Energieform die Ökosphäre dieses Planeten zu erhalten. So lernte ich auch Manfred Kage auf Schloß Weißenstein kennen, der ja Kristallforschung betreibt.

Jetzt sind wir mitten in der esoterischen Grundphilosophie, daß alles aus einem *Bewußtseinsmeer* kommt und sich tropfenförmig manifestiert. Da gibt es ja vielfältige visionäre Schauungen darüber.

Also auch Sie teilen die Ansicht vieler Mystiker, daß der Geist die Materie schuf und nicht die Materie – also Formen der von Darwin so erdachten Evolution – sich nach und nach mit Bewußtsein füllte?

Natürlich ist dieses *Bewußtseinsmeer* nur ein Bild. Denn Geist ist ja unsichtbar. Aber gehen wir mal davon aus, daß diese Bewußtseinstropfen erst gasförmig, dann flüssig und später fest werden. Dies sind – immer als Modell betrachtet – verschiedene Bewußtseinsstufen. Jede dieser Transformationsstufen ist eine Hierarchie. Uns war auf einmal klar, daß diese Hierarchienlehre, auf der ja alle esoterischen Traditionen aufbauen, nur ein anderer Ausdruck für die Transformation der Materie war. Und jetzt erinnerte ich mich plötzlich wieder der Pyramiden, die ja zum Erscheinungsbild von Atlantis gehörten und in denen wir das Wissen manifestierten. Da taucht immer wieder die ominöse Zahl 144 auf, und die hängt jetzt mit der Transformation und unseren Elementen zusammen. Wahrscheinlich ist die Pyramide ein Abbild der Manifestationsstufen, wobei die Spitze die Einheit und die Grundfläche die Vielfalt repräsentiert.

Diese Hierarchienlehre, die ja in allen Mythen und Religionen in der unterschiedlichsten Weise auftaucht, kann also eine wissenschaftliche Basis haben?

Ja, denn sie beschreibt die einzelnen Stufen des Geistes auf dem Weg in die Materie. An dieser Universität in Charlottesville, an der ich war, sind die meisten Lehrer dem esoterischen Gedankengut verhaftet. Dies ist ein ungewöhnlicher Ort, an den ich da gekommen bin. Mir wurde langsam klar, daß alles, was in der Esoterik heute so verwässert erscheint, wahrscheinlich einmal exaktes wissenschaftliches Wissen war.

Wissen, das im Laufe der verschiedensten Umbrüche auf dieser Welt nicht verloren, sondern verwandelt wurde. Und dieses Wissen wollen Sie mit Ihren Freunden wiederbeleben?

Jetzt muß ich von meinem peruanischen Freund Indi sprechen, der mir gesagt hat, daß seine Indianer-Freunde den Platz, an dem ich »Solar-City« errichten will, visionär sehen. In ihren Mythen haben diese Wesen von den Plejaden einen festen Platz als reine, transparente Geist-Persönlichkeiten, von denen sich nur einige mit den damaligen Ureinwohnern vermählten. Diese Mischlinge haben dann auf der Erde in Zusammenhang mit ihrem Wissen um die Kristalle eine ganz bestimmte Energie erzeugen können, die auf anderen Planeten mit anderen physikalischen Bedingungen nicht möglich gewesen ist und die den Bau der Pyramiden von Atlantis erst möglich machte. Diese Bauwerke wiederum - so sagen es jedenfalls die Indianer - waren für die instabilen Raumfahrzeuge der Plejaden-Wesen eine kosmische Tankstelle, an der sie sich mit Antriebsenergie versorgen konnten. Es klingt phantastisch und stammt auch nicht aus eigenen Visionen.

Es gibt zahlreiche medial gemalte Bilder in aller Welt, die ein UFO auf der Spitze der Pyramiden zeigen. Sie wollen also dort, in unmittelbarer Nähe südamerikanischer Pyramiden, Ihre Zukunfts-Metropole bauen?

Es ist, wie gesagt, einer von vier möglichen Orten auf diesem Planeten. Gehen wir nach den Erzählungen der Indianer davon aus, daß die Plejaden-Wesen ebenfalls dort siedelten, ist dies sicher kein schlechter Platz.

Fragmente Ihrer geistigen Urheimat würden also wiedererstehen als eine Art Vision der Zukunft. Erzählen Sie mir von den rätselhaften Hierarchien der mittleren atlantidischen Epoche?

Dies hat auch etwas mit den Plejaden-Wesen und den Berichten meiner Indianerfreunde zu tun. Danach hätten diese seltsamen Mischlinge von geistiger Plejaden-Energie und menschlicher Materie keine Gelegenheit gehabt, in ihre kosmische Heimat zurückzukehren. Die Indianer sagen, daß durch ein Unglück diese Spaceships – eine Energiestruktur – zerstört worden waren. So blieb den von den »Göttern« gezeugten Menschenwesen also nichts anderes übrig, als sich von den übrigen Atlantidern abzugrenzen, indem sie so eine zweipolige Gesellschaft aufbauten. Es gab also eine Art Herrscher, eine damit verbundene Oberschicht aus Priestern und Höflingen und dann diesen Unterbau derjenigen, die schon total der Materie verhaftet waren. Zwischen beiden Gruppierungen kam es natürlich zu Auseinandersetzungen, bei denen auch magisches Wissen eingesetzt wurde, das wiederum in Einweihungsschulen weitergegeben wurde.

Viele Medien berichten von einer harmonischen Zeit auf Atlantis, einer Blüte des Geistes, der Kunst und der Wissenschaften. Ihre Berichte deuten aber auf ganz schöne Konflikte hin.

Atlantis soll als Struktur fast zweihunderttausend Jahre existiert haben und umfaßte die unterschiedlichsten gesellschaftlichen Formen. Die Zeit, von der ich gerade berichte, war eine Umbruchphase, in der sich die Atmosphäre dieses Planeten ausgetauscht haben soll und die unterschiedlichsten Bewohner gezwungen waren, sich immer fester zu stabilisieren. Sie verloren dabei viel von ihrer Substanz. Die Kraft des dritten Auges war dahin, Hellsehen und Telepathie waren keine natürlichen Begabungen mehr, sie wurden immer irdischer. Erst in der dritten atlantidischen Phase vermischte sich der Geist endgültig mit der Materie, und die Kultur von Atlantis wurde der von uns bekannten frühen Zivilisationen immer ähnlicher. In dieser Epoche spielen auch die griechischen Göttersagen, die ja eine durchaus reale Wirklichkeit haben.

Wo ordnen Sie denn Ihre eigene Existenz auf Atlantis ein?

Diese genaue zeitliche Abstimmung geschah eigentlich ohne mein Zutun. Denn als ich – aufgeweckt durch meine anregenden Jahre in Charlottesville – immer aufnahmebereiter war für mystische Erfahrungen, kamen mediale Menschen unterschiedlichster Herkunft auf mich zu und sagten unabhängig voneinander immer wieder,

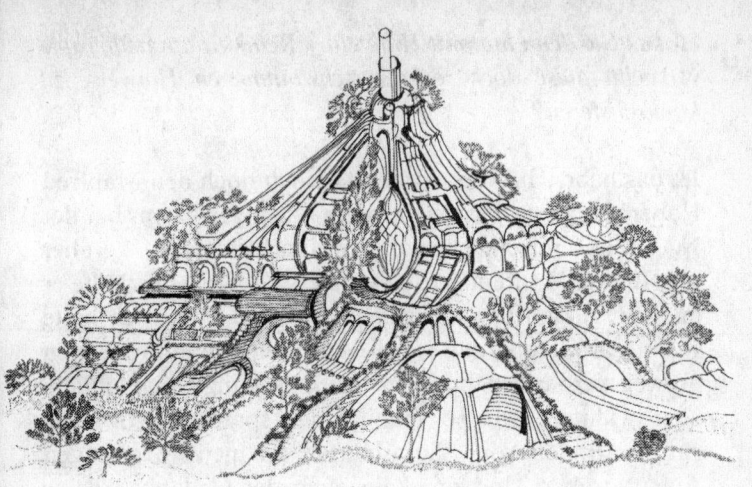

Ein Öko-Haus aus natürlichen Materialien. Ähnlich sollen die Wohnstätten auf Atlantis ausgesehen haben, behauptet Merete Mattern.

daß ich eine alte atlantidische Seele besäße und vor fünf-undsiebzigtausend Jahren zum letztenmal auf dieser Erde gelebt hätte. Sie sahen mich als Priester-Architekt, der mit riesigen Kristallen und Steinen hantiert hat und auf gro-ßen Schiffen in unterirdischen Kanälen unterwegs war. Dies hat mich dann ziemlich durcheinandergebracht, weil ich mich oft in diesem Leben als Mann empfunden habe und weniger als Frau. Also sagte ich mir: Hoppla, bist du etwa deshalb so eine komische Frau, weil du vielleicht damals ein so toller Mann mit einem so mächtigen Kön-nen gewesen bist? Das fing an, so intensiv in mir zu arbei-ten, daß ich auch ein paar Mal diese Hellseher rausge-schmissen habe, weil es mir zuviel wurde. Ich war ja in diesem Leben und mußte hier als Frau gewissermaßen meinen Mann stehen.

Haben Sie denn mal mit Hilfe einer Reinkarnationstherapie versucht, diese doch recht verschwommenen Hinweise zu konkretisieren?

Ja, das habe ich. Aber vorher habe ich noch den Manfred Haber* kennengelernt, der ja ein wichtiger Mann bei der NASA ist und ein ehemaliger Mitarbeiter von Wernher von Braun. Während unseres ersten Telefonats erzählte er mir von zukünftigen Projekten der NASA, und ich hatte sofort das Gefühl, daß ich diesem Menschen über Äonen hinweg verbunden bin. Ich weiß, es klingt unglaublich, aber während wir so miteinander sprachen, zog eine ganze Armada von Raumschiffen an meinem geistigen Auge vorüber. Und mir kam auch der Gedanke, dieser Haber könne ein alter Atlantider sein. Da war wieder diese unbeschreibliche Verbundenheit wie damals mit Mario Sama oder Manfred Siebker. Und der Mann fragt sich heute noch, wie er mir als völlig fremder Frau alle NASA-Geheimnisse erzählt hat. Er war einfach völlig weg.

Hat er Ihnen das später gesagt oder gleich in diesem Moment?

Eigentlich schon während des Gespräches. Er sagte mir, Merete, warum hast du nicht schon früher angerufen, nicht schon vor zehn Jahren? Und ich sagte ihm, daß ich mit Ökologie und Städtebau beschäftigt sei und Lösungen für Umweltprobleme anstrebe. Auch er arbeitete an solchen Projekten, aber mehr im Weltall. Er überlegte sich beispielsweise, wie man den Mars begrünen oder in der

---

* Der Name wurde auf Wunsch von Merete Mattern verändert.

Atmosphäre der Venus menschliche Siedlungen errichten könne.

Er sagte am Telefon: »Ach, Meretchen, vielleicht hast du eine Lösung; denke doch mal darüber nach.« Während er mit mir sprach, versuchte ich, die gleichzeitig auftretenden Visionen zu zeichnen. Es war wirklich das seltsamste Telefongespräch, das ich jemals geführt habe. Und es hat mich so nervös gemacht, daß ich mir sagte, jetzt muß ich Klarheit haben. Ich ging zu einem Reinkarnationstherapeuten.

Konnten denn während dieser Sitzungen die alten Bilder in Ihnen bestätigt werden?

Gemach, so weit sind wir noch nicht. Denn bevor es losging mit der Therapie, bin ich wieder einem hellsichtigen Menschen begegnet, der mir auf den Kopf meine schwere Krankheit zusagte. Trychinose hatte ich damals und schwebte fünf Wochen wirklich zwischen Leben und Tod. Während dieser Zeit – so der Hellseher – sei ich *ausgetauscht* worden. »Du bist gar nicht mehr die alte Merete«, sagte er. »Deine Seele wurde damals abgerufen«. In der Tat konnte mir kein Arzt mehr helfen, alle hatten mir den Tod prophezeit, und meine Gesundung glich wirklich einem Wunder. Immer nur hatte ich Visionen, machte außerkörperliche Erfahrungen und beschloß in dieser Zeit auch, den Musikdom zu bauen. Einen Tag später war ich knall-gesund. Die Ärzte rätselten, was denn wohl mit der kranken Frau los sei; die lief ja quicklebendig herum.

Das klingt sehr phantastisch. Sie behaupten also, nicht mehr die gleiche Persönlichkeit zu sein wie zu Beginn dieser Krankheit?

Nicht ich behaupte es, sondern dieser sensitive Mensch hat es mir gesagt. In diesen todkranken Körper sei ein hohes geistiges Wesen aus anderen Bewußtseinsebenen eingezogen, um damit diese begonnenen Werke zu vollenden. Er hätte dies visionär beobachtet. Es kommt aber noch toller. Hin und wieder käme meine alte Seele von dem Ort zurück, der die Heimat dieser Geistpersönlichkeit gewesen sei, um den Fortgang meiner Pläne zu beobachten. Ja, manchmal würden sich diese Seelen gewissermaßen auch austauschen. Ich müßte mehr meine Träume beobachten, denn in diesen könnte ich feststellen, wann ich mehr die Merete wäre und wann mehr diese hohe Wesenheit. Diese Aussagen haben mich so nervös gemacht, daß ich zitterte und dachte, wenn ich jetzt in die Psychiatrie komme, dann aus gutem Grund. Kurze Zeit später wurde ich ganz ruhig, sehr vergnügt und auf eine vollkommen unirdische Weise auch gelassen. In dieser Zeit arbeitete ich verstärkt an der Organisation der grünen Bewegung mit Manfred Siebker zusammen, der in meinen Visionen ja ein atlantidischer Priester war. Und plötzlich merkte ich, daß alle mir wichtigen politischen Führer – alle Öko-Philosophen – im In- und Ausland eine atlantidische Vergangenheit haben.

Schwebende Schiffe und fliegende Menschen

Meretes Rückkehr zu den Sternen

Merete Mattern, wenn ich Sie richtig verstehe, haben Sie bei Ihren wichtigsten Begegnungen in Ihrem bisherigen Leben frühe atlantidische Mitbewohner getroffen, die in Ihrer jetzigen Tätigkeit praktisch Ihre damalige unvollendete Arbeit fortgesetzt haben. Ökologen, Architekten, Politiker, die bemüht sind, fehlerhafte Entwicklungen zu korrigieren. Hat Ihnen denn die von Ihnen angesprochene Reinkarnationstherapie weitere Klarheit verschaffen können?

Bis es soweit war, habe ich lange gesucht. Ich schaltete mehrere Parapsychologen ein, denn ich wollte ja nicht, daß ein Reinkarnationstherapeut seine eigene Phantasie in meine Behandlung hineinbringt. Es ist eine Riesengefahr, daß man in einem Augenblick, in dem man ganz offen ist, durch dessen Vorstellung manipuliert wird. Ich habe erst mal einen ganzen Arbeitskreis von Psychologen, Parapsychologen und Soziologen aufgebaut, um mit ihnen eine Strategie der Abschirmung zu entwerfen. Später habe ich dann einen interessanten Mann gefunden, einen Diplomatensohn aus Schweden, der in Tibet und Nepal aufgewachsen ist und sowohl Physik wie Medizin studiert und eine Ausbildung als Psychologe und Parapsychologe hatte. Da war mir klar, das ist eine Persönlichkeit, die nicht esoterisch rummauschelt, die also genug Objektivität, Selbstdistanz, aber auch Feingefühl mitbrachte, um so eine komplizierte Rückführung zu machen. Diese Sitzungen waren nun das Erstaunlichste, was ich je in meinem Leben erlebt habe. In den ersten Therapiestunden – sie wurden übrigens bei vollem Tagesbewußtsein und nicht etwa in Trance abgehalten – landete ich immer wieder in der Zukunft. Ich bin ein utopisch ausgerichteter Mensch und scheine tatsächlich verhaftet zu sein mit einigen Sternensystemen im Weltall, die evolutionär so viel weiter entwickelt sind als wir, daß ich immer da auftauche. Denn dort ist ja meine kosmische Heimat. Es ist sowohl meine Zukunft als auch meine Vergangenheit. Da komme ich ja her. Ich scheine wirklich ein Wesen zu sein, das da gelebt hat und auf der Erde eine Aufgabe erledigen soll. Es war wirklich schwer zu verankern. Immer, wenn der Therapeut sagte, jetzt gehen wir mal in die Vergangenheit, landete ich in der Zukunft, die ja gewissermaßen meine Vergangenheit war. Zeit ist wirklich eine Illusion.

Es heißt ja auch immer wieder, daß der reine Geist – also wir in nicht verkörpertem Zustand – in einem raum- und zeitlosen Zustand existiert, in dem alles gleichzeitig geschieht. Also Anfang und Ende der Welt in derselben Sekunde. Schwer, sich dies auf unserem Bewußtseinsniveau vorzustellen. Doch wie sind Sie dann doch noch in Atlantis gelandet?

Wir haben eine Art Wasser-Meditation gemacht und auf einmal dämmerte es mir: Es könnte sein, ich bin jetzt auf der Erde. Es fing ganz traumhaft an. Ich landete auf einem Meer mit weißen Schaumkronen. An seinen Ufern sah ich eine herrliche Gebirgslandschaft, die in verschiedenen Farben schillerte. Weiß ging in Rostbraun über, das wiederum in Schwarz verschwamm. Es war vulkanartig, doch kenne ich kein Gebirge auf der Erde, das so aussieht. Ich schwebte dicht über dem Boden, und ich wußte genau, daß ich in diesem Moment aus reiner Energie bestand.

Um es noch einmal zu sagen: Sie waren bei diesen Rückführungen nicht in Hypnose oder in Trance, sondern haben das sozusagen bewußt erlebt, was einst geschah. Es war also keine Reinkarnationserinnerung, denn Sie waren ja nicht inkorporiert, das heißt in einem Körper geboren?

Ich merkte aber, daß ich bei Ankunft auf der Erde die reine Energie umwandelte in eine Art feinstofflichen Körper, der sich den physikalischen Gesetzen des Planeten anpaßte. Ich hatte keine Knochen und keine Muskulatur, doch eine humanoide Gestalt. So merkwürdig dies für Sie auch klingen mag, ich hatte an meinen Füßen ein subtil konstruiertes Antriebssystem. Betrachten Sie einmal auf alten Fresken die Gestalten der griechischen Götterwelt. Viele werden mit kleinen Flügeln an den Fersen gezeigt. Dies ist nichts anderes als ein Energiesystem. Ich nehme an, wir werden alle im nächsten Jahrtausend so über die Erde gleiten, weil diese Konstruktion unsere Aura sozusagen verstärkt. Dann gibt es ja elektromagnetische Wellen, die so etwa sechzig Zentimeter über dem Boden verlaufen und als eine Art unsichtbares Gitternetz unseren Planeten bedecken. Es gibt zur Zeit Ingenieure, die Gleitfahrzeuge auf genau dieser Schwingungsebene entwickeln.

In anderen Aussagen über Atlantis ist immer wieder von Kristallenergie die Rede, von riesigen Energiezentren rings um den Erdball, die als Transformatorenstationen eines solchen Gitternetzes eingesetzt sind. Steht dies vielleicht in einem Zusammenhang mit Ihren Visionen?

Genauso ist es. Ich nutzte dieses Energiesystem zur Fortbewegung. Diese kleinen Flügel konnte ich sozusagen an- und abschnallen. Seltsam dabei ist, daß ich kein transparentes Wesen mehr war. Es muß also schon die mittlere atlantidische Phase gewesen sein. Ich war sehr viel größer als jetzt und war tatsächlich ein Mann, aber kein Riese. Nur war ich viel durchsichtiger, ich konnte mich schlangenhafter bewegen, so als ob man Kugelgelenke hat, also sehr leicht in der Bewegung. Deshalb tanze ich heute so gern.

In etwa 130 Höhlen in West-Europa wie Lascaux, Niaux, Rouffignac oder El Castillo findet man herrliche Malereien, die nachweisbar vor zehn- bis fünfzehntausend Jahren entstanden sind und solche grazilen, großen und schlanken Mensch-Wesen zeigen. Jagdszenen sind dort zu sehen und man spricht viel von einem Zauber, der eingesetzt wurde, um die Vögel, Büffel oder Hirsche zu erlegen. Das Wild soll auf magische Weise in den Besitz des Jägers gebracht worden sein, noch ehe der abgeschossene Pfeil sein Ziel erreichte. Sind das Überbleibsel von Atlantis?

Die Menschen in diesen Höhlen waren die Nachfahren versprengter Atlantider, die aus der Erinnerung der glorreichen Zeit heraus gemalt haben. Sie waren keine Verwandten der Neandertaler, die sich parallel dazu auf dem europäischen Urkontinent entwickelt haben. Erst sehr viel später kam es zu Vermischungen mit den Steinzeitmenschen und damit zum Beginn einer neuen Kulturepoche.

Damit hatten Sie aber schon nichts mehr zu tun, denn Ihre irdische Inkarnation endete wohl im Atlantis der mittleren Epoche, die man als Hoch-Zeit verstehen kann?

Ja, da habe ich sehr lange gelebt als vorwiegend männliches Wesen, aber doch leicht androgyn (zweigeschlechtlich. D.Red.) Ich war nicht doppelgeschlechtlich in unserem Sinne. Es muß so eine Übergangsform gewesen sein: vorwiegend männlich, aber doch mit sehr vielen weiblichen Attributen.

Könnte es sein, daß Sie ein Kind der Liebe zwischen den rein geistigen Energiewesen und den irdischen Ureinwohnern waren?

Ich weiß es nicht. Aber ich erinnere mich sehr genau an diese Leichtigkeit, an dieses Schweben, als ich mich dieser Inselwelt von woher auch immer näherte. Ich sah plötzlich ein traumhaftes Wasser- und Hafensystem am Rande einer Stadt, die so schön war, daß es mich fast blendete. Es war meine erste Begegnung mit der atlantidischen Kultur. Ich spürte förmlich, daß alle diese Anlagen aus einem transparenten Material waren. Durchsichtige Pyramiden und kubenähnliche Gebäude, also eine in unseren Augen gläserne Stadt, aber mit schweren Steinen als Fundament. Aber so, wie wir es bei den Inka-Bauten sehen mit einem lückenlosen, feingefügten Zusammenschluß der Nähte. Es waren zum Teil frei schwingende, zum Teil streng geformte Konstruktionen.

War diese Stadt denn belebt?

Darauf komme ich gleich. Mein Interesse wurde gefesselt vom Anblick der Schiffe in diesem Hafen, die mich an Wikinger-Konstruktionen erinnerten. Es waren Holzschiffe, aber mit so traumhaft geschnitzten Ornamenten und so phantastischen Segeln. Überall war mit Gold, Silber und Edelsteinen gearbeitet worden. Bis ich merkte, daß dies auch Energiesysteme waren. Die Segel waren so raffiniert konstruiert, daß sie tatsächlich abheben und schweben konnten. Auch dafür wurde dieses weltumspannende System des elektromagnetischen Gitternetzes benutzt; wenn man so will, unsichtbare Schienen als Leitstränge. In unseren Sagen und Mythen ist ja immer wieder von Geisterschiffen die Rede, die fliegen können. Vielleicht liegt deren realer Ursprung in atlantidischer Zeit.

Diese Beobachtungen machten Sie, wenn ich es recht verstehe, als ein Zuschauer, der in das Geschehen nicht mit einbezogen war?

Erst einmal war ich nur Beobachter, aber doch auf eine seltsame Art mit einbezogen. So, als ob wir uns selbst agieren sehen. Ich sah das alles von oben und staunte erst mal nur. Die ganzen Berge waren untertunnelt, und ich merkte, daß ein Teil der Insel auf schwebenden Docks lag. Alles deutete auf ein unterirdisches Kanalsystem hin. Landfahrzeuge in unserem Sinne konnte ich nicht entdecken. In dieser Phase lief alles leicht schwebend über dem Boden oder sanft gleitend unter Wasser. Noch war ich Zuschauer, aber dann wurde alles ganz real. Ich sah nämlich mein Schiff. Jetzt kam die Phase, die ein Medium bei mir gesehen hatte: »Du hattest ein Schiff auf Atlantis.« Jetzt merkte ich, der Hellseher hatte recht. Er hatte einen winzigen Ausschnitt eines fernen Lebens von mir entdeckt.

Ihre vagen Erinnerungen wurden in dieser Therapie also gewissermaßen lebendig. Sie waren mittendrin?

Ja, ich sah auf diesem Schiff meine Mannschaft, meine Mitarbeiter, für die ich Gefühle entwickelte. Wir arbeiteten mit diesen gewaltigen Steinen, die wir lagerten und transportierten. Alles war real. Auch unsere Sprache, die aus wenigen verbalen Äußerungen bestand, mehr eine Art Gedankenaustausch, der durch die Körperhaltung unterstützt wurde. Es war aber viel Musik in und um uns, sehr viel Harmonie, als ob ein unsichtbarer Dirigent für diese Schwingung sorgte. Kristalle und gigantische Megalith-Brocken ließen sich mühelos mit dieser Energie bewegen, die für die Aufhebung der Erdenschwerkraft sorgte. Alles wurde mit einer Art von Watte verpackt, vielleicht einem frühen Schaumstoff, der wieder in seine Bestandteile zerfiel, wenn er nicht mehr benötigt wurde. Und dann merke ich in meiner Rückerinnerung, wie ich mit diesem Schiff unter der Erde gleite und an einem Dock lande, an dem ich mit meiner Mannschaft in einem feierlichen Ritual begrüßt werde. Hunderte von Menschen in herrlichen Gewändern von einer nicht zu beschreibenden Schönheit. Sehr einfache Formen, aber recht faltig und fließend, so als ob sie als feinstoffliche Aura die Körper umspielen. Alles war sehr feierlich, aber gleichzeitig auch fröhlich und lustig. In einer Prozession betraten wir diese Stadt. Es war mir alles fremd, so daß ich merkte, hier bin ich nur auf einer Durchgangsstation, von der es wieder Abschied zu nehmen gilt.

Sind die von Ihnen hier geschilderten Erlebnisse Bruchstücke Ihrer Existenz auf Atlantis, oder ist das eine Chronologie zeitlich aufeinanderfolgender Ereignisse?

Beides. Ich kann nicht sagen, ob diese Bilder in der Zeit einander folgten oder ob dazwischen andere, weniger ereignisreiche Abschnitte lagen. Jedenfalls habe ich auch Erinnerungen an ein Tal, in dem Landwirtschaft betrieben wurde. Da waren Pyramiden in die Erde hinein gebaut, also genau die umgekehrte Form, wie wir sie kennen. Die Berge waren terrassenförmig bearbeitet und besaßen ein raffiniertes Klimatisierungssystem, das je nach Wunsch Regen und Licht erzeugen konnte. Genau dieses System habe ich später in meinen Planungen zur Stadt der Zukunft mit einbezogen. Zusammen mit Mario Sama habe ich damals in Washington überlegt, wie wir ein künstliches Klima für eine große Urbanisation herstellen können. Und erst bei meiner Rückführung dämmerte es mir, daß genau dieses Projekt ja schon einmal auf der Welt existiert hat. Damals arbeiteten dort nur wenige Menschen, die diese Pflanzen *mental* in ihrem Wachstum beeinflußten. Ich habe *in dieser Zeit* ein neues Landschaftskonzept erarbeitet, weil ich mich frage, wie können wir heute Großstädte autark machen. Wir müssen auf ganz kleinen Flächen mit wenig Arbeit und einem ökologischen Effekt unsere Produktion zur Selbstversorgung aufbauen.

Das würde ja bedeuten, daß Ihre jetzigen Konzepte Kopien atlantidischer Ideen sind?

Wobei ich aber nicht sagen will, daß wir Anleihen bei alten atlantidischen Meistern machen. So utopisch es auch klingen mag, diese Projekte können durchaus *von uns selbst* erdacht worden sein. Ich habe ja diese Rückführungen bei klarem Bewußtsein erlebt. Ich war also gleichzeitig in Atlantis und im selben Moment auch das Wesen von heute, das ganz kritisch seine Erlebnisse hinterfragt. Ich war immer dieses Doppelwesen, Zuschauer und Schauspieler zugleich. Ich staunte also sowohl über die überragende Technik, in der viel Gold verarbeitet wurde, wie auch über mich selbst.

Dieses von Ihnen beobachtete Klima-System gibt es derzeit noch nicht auf der Erde?

Nein, es ist, wenn man so will, Zukunftsmusik. Ich schaute mir diese Konstruktion genau an, die praktisch automatisch funktionierte. Wenn es zu feucht war, hat es die Luft trocken gemacht, war es zu trocken, wurde Feuchtigkeit abgesondert. Es herrschte immer eine optimale Temperatur auf jeder Terrasse, je nach den Pflanzensorten, die dort wuchsen. Es war traumhaft. Ich erlebte die ganze Landwirtschaft da und sah, daß sie völlig andere Früchte hatten, völlig andere Nutzpflanzen. Manche wuchsen in runden, manche in ovalen Trichtern mit perfektem Klimaausgleich. Diese Visionen diskutierte ich mit Klimaforschern in Kalifornien und stellte fest, daß sie ähnliche Projekte schon auf dem Papier erarbeitet hatten. Ich war also wieder einmal auf frühe Atlantider gestoßen.

Sie führen ja ein aufregendes Leben – hier und in Atlantis. Haben Sie denn auch Erinnerungen an Ihren Heimatort damals?

Ja. Ich kam auf eine kleine Insel und fühlte mich sofort zu Hause. So wie man ja auch in Deutschland von einer Reise zurückkommt und sagt, hier bin ich daheim. In einer paradiesischen Gartenwelt wohnten wir in mit kristallinen Einschnitten gemachten Höhlen, vor denen große Terrassen waren. Überall auch diese gläsernen

Pyramiden und diese vielen, vielen Blumen. Wir hatten auch keine Möbel in unserem Sinne, sondern lebten auf Sträuchern und Bäumen, die körperfreundlich gewachsen waren. Wir waren ja damals noch transparent, und die Erdenschwere spielte keine Rolle. Es war eine so einfache, so ästhetische Kultur. Alles war edel. Wir waren umgeben von fein geschliffenen Dingen, die aber auch eine nützliche Funktion hatten. Wir aßen auch nur Früchte und Pflanzen und servierten alles in gewachsenen Schalen, also in Apfelsinen- oder Kokosnußschalen. Wir hatten keinen Abwasch, und der pflanzliche Abfall wurde als Dünger wieder verwertet. Ich erinnere mich nicht daran, daß Tiere gegessen wurden. Es gab auch keine Hausarbeit in unserem Sinne, denn mit diesem Klimasystem wurden gleichzeitig Staub und Schmutz abgesaugt. Unsere Kleidung bestand aus Energie, deshalb wurde auch nicht gewaschen. Unsere Aura wurde aufgeladen und konnte mit den verschiedensten Farben ausgeleuchtet werden, so daß wir keine stoffliche Kleidung brauchten, sondern projizierte Umhüllungen, die jeden Tag neu komponiert wurden.

Aber Tiere gab es?

Ja, es gab einige Tiere. Aber die lebten in Symbiose mit den Einwohnern, so wie heute unsere Haustiere. Ein vertrautes Verhältnis zwischen Tieren und Pflanzen, eine tiefe Liebe. Später habe ich Experimente beobachtet, bei denen gezüchtet wurde. In guter Erinnerung sind mir libellenartige Wesen und natürlich Vögel von einer Schönheit, die man sich heute gar nicht mehr vorstellen kann. Ob es Regenwürmer und Ameisen gab, darauf habe ich in der Vision nicht geachtet.

Haben Sie denn in diesem offensichtlichen Paradies alleine gelebt?

Nein, das war es ja eben. Da bekam ich diesen fürchterlichen Schock. Ich kam nach Hause und traf dieses merkwürdige Doppelwesen, zu dem ich aber eine tiefe Beziehung hatte. Ich mußte in der Rückführung und mit meiner heutigen Sexualität eben feststellen, daß mein Partner ebenso androgyn war wie ich. Und dies war eben jener Manfred Haber, dem ich heute noch auf eine andere Weise verbunden bin. Er war damals in einer exponierten Stellung, und das machte die Sache dramatisch. Wir schwebten gemeinsam über eine diesige Inselwelt, durch deren Atmosphäre die Sonne kaum dringen konnte. Erst in der Nacht verzog sich der Nebel, und wenn Vollmond war, wurden große Feste gefeiert. Nun geschahen aber seltsame Dinge, denn dieser Partner wollte mich dazu überreden, zwei *Reiche* zu vereinen. Ich spürte, wir waren zwei Liebende, aber gleichzeitig auch zwei konkurrierende Inselbewohner. Er versuchte, mich zu überreden, meinen Bereich dem seinen unterzuordnen. Diese Machtvorstellungen irritierten mich, denn eigentlich waren wir ja Wissenschaftler, die gemeinsam forschten. Doch diese Arbeit wurde mächtig gestört, bis ich schließlich nachgab. Ich spürte deutlich den weiblichen, versöhnlichen Teil meiner Psyche: »Also gut, ich schenk dir alles!« Ich muß dann ganze Inseln verschenkt haben, aber dafür ließ er mich teilhaben an seinen Projekten, die eine neue Energiegewinnung zum Ziel hatten. Irgendwie haben wir einen ganz seltsamen Kuhhandel gemacht. Mir war nicht wohl dabei.

*Wissen Sie denn, welche Arbeit Sie da im einzelnen verrich-
tet haben?*

Nun, ich hatte ja dieses Schiff, aber das war nicht mein
Beruf. Ich besaß es, wie man heute ein Auto benutzt.
Eher denke ich, daß ich mit der Erforschung und Zucht
von Pflanzen zu tun hatte. Ich muß damals wie heute
stark im Öko-Bereich engagiert gewesen sein. Vieles, was
ich heute realisiere, muß in dieser Zeit schon einmal pro-
biert worden sein. Schon damals muß ich diesen Typ des
Öko-Architekten verkörpert haben. Aber die tollste Erfahrung in dieser Rückführung war die Transformation des
Menschen. Mein Partner und ich müssen ihre Urheimat
in einem anderen Sternensystem gehabt haben, denn es
drängte ihn immer wieder zur Auflösung seiner materiellen Existenz. Mit dem politischen Zusammenfügen der
Inselreiche war seine Aufgabe offensichtlich beendet. Wir
waren in dieser Phase jedoch schon so inkorporiert, daß
wir nicht mehr auf mentale Weise zurückkonnten.

*Sie meinen, die Reise sollte ohne ein Vehikel – sprich inter-
stellares Raumschiff – angetreten werden?*

Ja, denn die gab es ja nicht. Denken Sie an die Mythen
der Hopis, nach denen die Plejaden-Bewohner als eine
Art Geist-Feld auf den Planeten Erde gekommen waren.
Psyche schuf Physis. Doch jetzt forschten wir, wie wir den
inzwischen schon fast materialisierten Körper wieder auf-
lösen konnten, ohne dabei der Seele, das heißt unserem
unsterblichen Kern, zu schaden. Wir waren ja trotz des
langen Aufenthaltes auf Atlantis eigentlich Fremde. Doch
dieser Prozeß war eher eine Entwicklung zurück in die
Zeit. Er spielte sich auf vielen Inseln des ganzen Reiches

ab. Zum Beispiel weiß ich noch genau von einem Eiland, das einem gigantischen Tempelbezirk glich, der aus einem einzigen Kristall bestand. Dazwischen gab es Flüsse und Wasserfälle, die für die Heilung eingesetzt wurden. Es gab Wissenschaftspriester, die unter sich die ganzen Forschungsbereiche aufgeteilt hatten. Es war auf den ersten Blick etwas ganz Besonderes, dann gehörte es wieder zum täglichen Ablauf der Geschehnisse. Ich weiß nur, daß es hier um die reine Wissenschaft ging und nicht um das Ausüben von Macht. Und da entdeckte ich, leicht schwebend und hellwach, daß zwei Drittel jener Menschen, mit denen ich es heute zu tun habe, auf diesen kristallinen Inseln lebten. Ich kann Ihnen dafür keinen Beweis im eigentlichen Sinne liefern. Es ist tiefe Intuition, ausgelöst durch diese Reinkarnationstherapie.

Merete, haben Sie denn nun Atlantis verlassen, um zurückzukehren zu den Sternen?

Ja, dies war das Ende dieser Rückführungsphase und wohl auch meines Aufenthaltes auf Atlantis. Daß nämlich der heutige Manfred Haber und ich dieses lebensgefährliche Experiment der Entmaterialisierung wagten, bei dem wir uns selbst transformierten, auflösten und wie in einer Lichtexplosion aufgingen. Wir lösten unsere Leiblichkeit auf. Aber zu diesem äußeren *Abbau* lief praktisch ein innerer *Aufbau* parallel. Unsere transzendente Wesenheit stabilisierte sich, und wir reisten zurück in den Kosmos. So endete jedenfalls diese Reinkarnationsanalyse.

»Mein glückliches Leben im Tempel . . .«

Die Therapeutin Ingrid Zinnel lebte zweimal in Atlantis

Ingrid Zinnel ist eine attraktive, elegante Frau. In ihrem schmucken Haus am Frankfurter Dornbusch arbeitet sie als Heilpraktikerin, die sich auf eine sanfte, homöopathische Behandlungsweise spezialisiert hat.

Ingrid, die 1948 geboren ist, war lange Jahre ein begehrtes Fotomodell, bevor sie neben der äußeren auch die innere Welt zu entdecken begann.

Zusammen mit ihrem Lebensgefährten Dr. Peter Orban gründete sie mit »Symbolon« einen »Arbeitskreis für Selbsterfahrung« in Frankfurt, in dem sie als Therapeutin arbeitet und sogenannte »Heldenreisen« führt, bei der ihre Klienten auf eine Reise gehen, die ausschließlich in deren Phantasie stattfindet.

Ingrid Zinnel: »Erst wenn wir den Weg und die Geschehnisse unserer Vergangenheit erkannt haben, können wir die Gegenwart verstehen, bejahen und in Zukunft bewußt der Held auf unserer Reise sein.«

Ingrid hält Vorträge, leitet Seminare und schreibt Bücher. In »Tanz der Schatten«, das sie zusammen mit Peter Orban verfaßt und das durch ein Tonkassettenprogramm ergänzt wird, geht es vor allem darum, die dunklen Teile unserer Seele zu akzeptieren.

Ingrid Zinnel führt ihre Berufung zum Heilen auch auf eine frühere Existenz in Atlantis zurück, wo sie in einem Tempel in fröhlicher Harmonie gelebt haben will. In dem folgenden Gespräch befaßt sie sich ausführlich mit Sinn und Funktion möglicher Wiedergeburten.

Wie ist denn dieses Atlantis-Mysterium aus der Sicht der Psychotherapeutin zu sehen, die mit ihren Klienten ja in deren tiefste Schichten vordringt?

Zusammen mit den Kollegen, mit denen ich mich hin und wieder austausche, habe ich festgestellt, daß diejenigen, die den Pluto im Löwen haben – also etwa zwischen 1938 bis August 1957 geboren sind – Erinnerungen an Atlantis haben.

Was hat denn diese Sternenkonstellation mit der Möglichkeit einer Inkarnation aus atlantidischer Zeit zu tun?

Zu der Zeit, als in Atlantis die größten Schwierigkeiten begannen, lag der Frühlingspunkt im Löwen. Heute haben wir genau die konträre Situation, also den Wiedergeburtsaspekt. Es zeigen sich die gleichen Konflikte wie damals.

Die spätatlantidische Zeit war also das »Löwenzeitalter« im Weltenjahr.

Ja, und der »Löwe« ist ja das Prinzip der Macht. Und es ging dabei um Machtstrukturen, um materielle Zwänge, die längst eine Epoche der Vergeistigung abgelöst hatten. Und das ist heute wieder das Thema: Pluto/Löwe.

Wir sind unter dem gleichen astrologischen Thema angetreten, und damit ist die Aufgabe mit inkarniert?

Die Aufgabe ist mit inkarniert, und es kommt auch sehr viel magisches Wissen mit durch, das auch heute wieder mißbraucht werden kann. Dabei sollte die eigentliche Lehre sein, das Wissen zum Wohle aller zu verwenden.

Ingrid Zinnel, Therapeutin aus Frankfurt. Sie erinnert sich an zwei Leben in Atlantis . . .

Also die wiedergeborenen Atlantider sind aufgefordert, die Schulstunde noch einmal zu wiederholen?

Ja, natürlich nur in geistiger Form. Denn heute kommt ja keiner daher und sagt, ich bin der große Magier und komme wieder an die Macht. Freilich passiert ein solcher Vorgang manchmal unbewußt. Man schaue sich nur den Ablauf der großen Karrieren an.

Als Therapeutin hast du ja Umgang mit den verborgenen Gefühlen der Menschen. Es heißt, daß viele ein Kanal sind zu den Ereignissen von Atlantis. Ist dir so etwas bei einer Sitzung schon passiert?

Ich habe da keine Erfahrung, aber ich kann es mir sehr gut vorstellen. Aber man sollte bedenken, daß nicht alle Atlantider inkarniert sind, die ja über hunderttausend Jahre die Träger einer Gesellschaft waren. Es ist nie so, daß soziale Verbindungen wie ein ganzes Volk oder eine ganze Familie sich gemeinsam materialisieren. Individuelle Aufgaben und Erlösungsprozesse bringen jemanden in die Inkarnation, und die anderen bleiben sozusagen dabei, aber auf der anderen Seite. Denn dieses berühmte Jenseits gibt es eigentlich gar nicht. Wir sind letztendlich alle zusammen – nur auf verschiedenen Bewußtseinsebenen. Wir müssen nur einen Kanal zueinander schaffen. Und diese Channelling-Medien unterhalten sich mit geistigen Wesenheiten, mit denen sie schon einmal verbunden waren. Alte Freunde eben. Es meldet sich ja niemand in dem Kanal, mit dem man nichts zu tun hat. Man ist mit jedem sogenannten »geistigen Botschafter« immer einmal eng zusammen gewesen.

Sind dies immer nur ehemalige gute Freunde, oder sind es auch alte Feinde?

Aber selbstverständlich. Dies ist das Gefährliche am Channelling, daß man wieder in alte Machtstrukturen hineinkommt und daß unter Umständen auch ein früheres Herrschaftsverhältnis entsteht, bei dem man den Geist, den man gerufen hat, auch nicht mehr los wird. Ich habe mal mit einem Menschen solche Erfahrungen gemacht, der danach große Schwierigkeiten hatte, die alten und längst verdrängten Strukturen wieder zu lösen.

Siehst du nicht auch Atlantis als eine Art Aufgabe, die uns heute bedrängenden Probleme zu lösen, weil wir eben wissen oder vermuten, wie eine Entwicklung schließlich in einer selbstverschuldeten Katastrophe mündete?

So sehe ich das auch. Wir sind zwar in einer anderen Kultur, aber im tiefsten Inneren wieder an derselben Stelle, nämlich an der Zerstörung der eigenen Welt. Da sehe ich auch die Aufgabe. Atlantis hat nach den Bildern, die ich kenne – beweisen lassen sie sich natürlich nicht – anders ausgesehen. Aber der geistige Inhalt ist der gleiche.

Jeder von uns kann ja beobachten, daß sich immer wieder Menschen begegnen, die auf eine geradezu magische Weise voneinander angezogen werden, weil sie auch gemeinsame Erkenntnisse haben. Andererseits treffen sich aber auch Menschen, die sich in einer eigenartigen Weise konträr und geradezu feindschaftlich gesonnen sind. Kann es nicht sein, daß da der alte magische Zauber wirkt, wenn man daran denkt, daß mit den Inkarnationen wieder das Umfeld mit auf diesen Erdenplan tritt?

Ja, das denke ich auch. Es gibt viele Menschen, die auch im Bereich des esoterischen Denkens wieder Positionen erobern, wo sehr viel Feindschaft herrscht und eigentlich Toleranz walten sollte. Auch da kann man das alte Machtgebilde aus den Tempeln von Atlantis wiederentdecken.

In bezug auf Atlantis ist interessant zu beobachten, daß die alte Thematik der Pyramiden wieder auftaucht. Es gibt Verlage, die so heißen, eine Zeitschrift, ein esoterisches Zentrum auf Lanzarote mit einer Pyramide als Mittelpunkt. Ganze Bücher über Pyramidenenergie und die magische Konstruktion der südamerikanischen und ägyptischen Pyramiden sind auf dem Markt.

Ja, ich habe mir gerade gestern überlegt, ob wir uns nicht eine kleine Meditationspyramide in den Garten bauen. Alles an der Pyramide ist ja Symbol und auf eine geradezu erotisch-mathematische Weise vollkommen. Ich denke, daß der Pyramide eine noch längst nicht ganz entschlüsselte Botschafterfunktion zukommt. Ein Zeichen aus Atlantis.

Wie ist denn jetzt dein ganz persönliches Verhältnis zu diesem Atlantis?

Für mich waren es im Laufe meiner eigenen Therapie und meiner Ausbildung als Therapeutin immer die Bilder der Vollkommenheit in bezug auf Heilung und sehr viel

Rechte Seite: Sind Pyramiden alte Strukturen von Atlantis? Sie tauchen auch in unserer Zeit wieder auf, wie hier im ETORA-Seminar- und Ferienzentrum auf Lanzarote.

Bewußtsein. Irgendwann sind diese Bilder aber auch umgekippt, weil Therapeut sein ja auch Macht bedeutet; Macht über die anderen Seelen, Macht, über die Zeit hinwegzutreten, wenn man Reinkarnationstherapie betreibt. Ein Therapeut, der dies nicht weiß und dann vielleicht unbewußt und unwissend manipuliert, ist genau wieder an der alten Stelle. Und die Gefahr zu sehen und sich selbst zu beobachten, daß man an diesem Punkt schon einmal war, ist eine erschreckende Erkenntnis. Man muß trotzdem den Weg noch einmal gehen, denn man kann nicht vom Tatort weglaufen und etwas ändern. Der Mensch wird magisch angezogen vom Ort der Tat. Dies kennt man ja aus der Kriminalliteratur; die Polizei wartet meist nicht vergebens am Tatort auf den Täter. Und wir alle gehen zurück an einen bestimmten Punkt. Jeder, der Atlantisforscher ist, der von Atlantis fasziniert ist und sich darüber informiert, ist letztendlich auch ein früherer Atlantider, der sich seiner heutigen Aufgabe genau bewußt werden sollte. Dabei helfen ihm seine Träume, seine Phantasien, aber auch eine mögliche Therapie. Man muß seinen Standort zumindest so ausloten können, daß man weiß, ob man sich im Licht oder im Dunkeln befindet.

Ingrid Zinnel, gibt es denn eigene, ganz private Erinnerungen an Atlantis?

O ja, eine ganze Menge. Meine Erlebnisse aus Atlantis sind so genau aufgetaucht, daß ich sofort gewußt habe, ja, es ist Atlantis, obwohl ich nicht auf die Suche danach gegangen bin, obwohl es mich vorher nie interessiert hat. Es ist einfach irgendwann in meinem Gefühlsleben vor mir auferstanden. Ich sehe auf diesen inneren Bildern weiße, eigentümliche Gebäude, die ein wenig an südliche Szenarien erinnern, aber viel feiner, viel weniger materiell, wie durch einen Schleier. Ich selbst habe in einem Tempelbezirk gelebt, den ich nie verlassen habe. Das heißt, ich bin da geboren worden und durfte keinen Fuß außerhalb des heiligen Bezirks setzen, um nicht entweiht zu werden. Und so wurden dann unter den Priestern – und wir waren eine sehr große Gruppe von Priesterinnen und Priestern – auch wieder Kinder geboren, die nach einer Prüfung im Alter von sieben Jahren in diesem Tempel bleiben konnten. Diese Prüfung hatte ausschließlich mit dem inneren Wesen zu tun und nicht mit dem Kopf, also kein Intelligenztest in unserem Sinn. Manche wurden dann zu einer Art Ziehmutter außerhalb des Tempels geschickt, weil sie eben den geistigen Entwicklungsstand aus früheren Leben noch nicht erreicht hatten. Die anderen blieben Priester, ein Leben in der absoluten Sicherheit an diesem Platz, aber mit keiner Möglichkeit, auch nur mit einem einzigen Gedanken diese Welt zu verlassen. Dies war aber kein Gefängnis, sondern es war ganz klar, hier gehöre ich hin, hier lebe ich, und hier habe ich meine Aufgabe. Dies war für mich die Zeit meiner irdischen Leben, die mit dem Wort »glücklich« nur sehr ungenügend umschrieben werden kann. In den Reinkarnationstherapien erinnern sich die Patienten hauptsächlich an unangenehme, problematische Ereignisse, weil ja nur diese ungelöste traumatische Zustände schaffen. Aber irgendwann muß man bei seiner Reise durch das frühere Leben auch mal zum Glück kommen, und das war für mich meine erste körperliche Existenz in Atlantis, eine Zeit der Erfüllung, der Geborgenheit und des absoluten Glücks. Da war auch Atlantis noch ganz im reinen mit sich. Der Tempel war eine Stätte für all jene, die seelisch und körperlich aus dem Gleichgewicht geraten waren und dorthin kommen mußten, um ihr Heil wiederzuerlangen. Eine der angewandten Methoden, an die ich mich genau erinnere, war die Heilung über Wasser. Auf der einen Seite stand der Patient mit seinem Leid, auf der anderen Seite dieses klaren, fast feinstofflichen Flusses stand der Priester. Wir stellen uns heute geistige Heilung auch als Berührung vor, als körperlichen Energiefluß vom Heiler zum Heilsuchenden. Aber die Berührung in Atlantis hätte die Kraft des Göttlichen im Priester verhindert. Also mußte der Priester, der nie persönliche Bedürfnisse anmelden wollte und auch gar keine hatte, über einen Bach – über dem noch eine Art Wasserbrücke lag, als würden sich Wasseradern kreuzen – die Hände legen. Auf der anderen Seite wusch sich der Kranke an der Stelle, die ihm Pein bereitete. Von diesem Ritual habe ich übrigens nirgendwo gelesen oder darüber gehört. Es ist tief in meinem Innern verankert und taucht als Bild immer wieder auf. Wir Priester lebten nicht im Zölibat, sondern hatten eine vollkommen natürliche Sexualität. Ein Junge und ein Mädchen waren füreinander bestimmt, und astrologisch gesehen – und mit Astrologie wurde viel gearbeitet – waren dies Gegenpole. Es wurde also immer jemand mit seinem geistigen Gegenüber verheiratet. Man sagte, die beiden kommen füreinander auf die Welt und sind füreinander bestimmt, und es gab danach auch keine Korrekturen nach dem Motto: Mal sehen, was es da noch für mich gibt. Also gab es da ziemlich viel Harmonie und Ruhe. Ich erinnere mich an ein sehr schönes Hochzeitsritual. Es war ein Kreis unter einem Wasserfall. Es wurde viel mit Wasser gearbeitet; Wasser als die heilende Kraft, Wasser als das, was Düsteres fortschwemmt. Die Verbindung zwischen Mann und Frau mußte sein, damit die göttliche Kraft komplett ist. Uns wurde damals gesagt: Ein Mensch, der alleine ist, kann keine vollendete Kraft haben, weil er ja nur *Hälfte* ist, zu dem eine andere *Hälfte* gehört. Nur die Verbindung zwischen beiden Polen garantiert die ganze Kraft. Überträgt man das auf das heutige Dogma der katholischen Kirche, dann ist die Zölibatsvorstellung falsch.

Hatten denn beide Partner das gleiche Kraftpotential, oder war das Gleichgewicht zwischen dem Männlichen und dem Weiblichen nicht auch manchmal gestört?

Der Austräger der Kraft, der Spender, war immer die Frau. Der Geber war immer der Mann. Die Priester sind als Heiler nicht nach außen gegangen, sie waren das *Zeugen* der Kraft und die Frau war das *Gebären* der Kraft. Damit haben die beiden zusammengehört. Einer von ihnen mußte nun das Kraftpotential weitergeben an das Wasser, und der andere war in Ruhe, in Meditation. Es gab kein Zusammenleben, das trist war, es gab immer viel Freude, viel Lachen. Das ist die wesentliche Erinnerung an mein erstes Leben in Atlantis.

War diese Priesterkaste nicht privilegiert, hatte sie nicht einen besonders angenehmen Sonderstatus?

Ich sage nicht, daß alle Atlantider auf diesem Niveau gelebt haben. Natürlich gab es gerade zur spätatlantidischen Zeit auch Standesunterschiede, was aber nicht bedeutet, daß man als Wiedergeborener in der heutigen Zeit ein gleiches Niveau erlebt. Denn wenn er mit *gefallen* ist, das heißt für den *Verfall* verantwortlich war, dann fängt er wieder ganz von vorne an. Und die anderen, die ihr Leben lassen mußten wegen der Anmaßung dieser Großen, die sind heute sicher ganz anderswo und nicht in dieser Zeit inkarniert. Sie haben sich vielleicht weiterentwickelt, weil sie sich geopfert haben.

Heißt das denn, daß alle heute wiedergeborenen Atlantider Schuld auf sich geladen haben?

Das Wort Schuld gibt es ja im kosmischen Sinne nicht. Sie haben aber ihre damalige Verantwortung mißbraucht und damit ihren Zeitgenossen geschadet. Also wird gewissermaßen die Schulklasse noch einmal wiederholt. Man geht für diese Lektion an den Anfang zurück und hat überhaupt keine Ansprüche auf früher eingenommene geistige Positionen. Es ist sowieso eine Hybris, auf ehemalige Standpunkte zu pochen. Jeder muß *alles* gewesen sein, und jeder Atlantider hat im Laufe seiner ewigen Existenz auch mal das Bewußtsein eines Priesters erfahren. Deshalb ist es auch gefährlich, wenn Menschen in Reinkarnationssitzungen von hohen, gesellschaftlichen Stellungen erfahren, die sie einst bekleidet haben. Dann kommt es vor, daß die alten Machtgelüste wieder aufbrechen, die sehr verführerisch sein können.

In dieser ersten Inkarnation in Atlantis warst du eine Frau. Es heißt aber immer wieder in spirituellen Durchgaben, daß der Körper keine so große Rolle gespielt hat und allein der Geist das beherrschende Prinzip war.

Der Körper hat auch keine große Rolle gespielt, aber man hatte ihn. Nur die Koketterie, die heute um die physische Existenz gemacht wird, gab es nicht. Keine schaute in den Spiegel, um sich zu gefallen. Das war gar keine Frage.

Unsere Identifikation mit dem Körper ist eine Ego-Identifikation. Die Atlantider wußten, daß sie den Körper nur beziehen, um etwas ganz Bestimmtes zu tun. Er war gewissermaßen ein Werkzeug in der materiellen Welt. Er konnte jederzeit wieder verlassen werden, war kein *Besitz* des Geistes. Deshalb war er nicht wertlos, sondern eine Art Tempel, den man zu hüten hat. Denn ein durchgeistigter Körper – und dies gilt auch für die heutige Zeit – ist einfach schön. Doch gab es keine Selbstverliebtheit in den Körper. Wir hatten zwar das Wasser, aber es wurde nicht als Spiegel genutzt, denn sobald wir das getan hätten, wären wir ohne Kraft gewesen. Mit dem Blick auf uns selbst hätten wir uns ja die Frage gestellt: Bin ich wirklich eine tolle Heilerin? Und schon wäre es vorbei gewesen.

Wie war das mit der Kommunikation unter den Atlantidern? War die verbal oder mehr telepathisch?

Unter den Priestern gab es beides. Es gab in uns allen angeborene Verhaltensweisen, so daß darüber nie gesprochen wurde. Natürlich war die Fähigkeit größer, *geistige* Schwingungen auszusenden und damit auch aufzunehmen. Es gab einfach eine größere Sensibilität für alle Sinne. Aber da wir auch eine Stimme hatten, wurde sie benutzt. Zur materiellen Welt gehört auch der Klang, die Vibration. Die Stimme wurde aber nicht benutzt, um zu schreien, zu diskutieren und jemandem seine Meinung aufzudrängen, sondern sie war ein Instrument der Freude. Wie ein Musikinstrument. Sie diente nicht der Kommunikation, denn die funktionierte während dieser Zeit auf der geistigen Ebene. Je mehr das Ego der einzelnen sich entwickelte, desto kräftiger wurde auch das Stimmenpotential. In dem Moment, in dem die Identifikation mit dem Ich zu groß wird und vom Selbst nur noch wenig die Rede ist, benutzt der Mensch den Körper – und damit auch die Stimme – um wichtiger, besser, klüger zu sein. Aggressionen werden ja oft auch über die Stimme ausgetragen.

Wie war das mit der Ernährung. Gibt es da Erinnerungen?

Nein, darüber habe ich überhaupt keine Bilder. Offensichtlich war dieses Thema so uninteressant, daß ich mich nicht daran erinnern kann. Auch in der Theorie kommt man ja immer nur auf ganz wichtige Ereignisse, die mit den *Gefühlen* zu tun haben. Da ich mich nicht an die Ernährung erinnere, kann dies als Zeichen dafür genommen werden, daß ich niemals unter Hunger- oder Durstgefühlen litt. Außerdem sollte man für die Atlantider die Überlegung einkalkulieren, ob sie überhaupt so etwas wie einen Stoffwechsel in unserem Sinne hatten.

Atlantis soll ja über hunderttausend Jahre existiert haben. Hast du während dieser Zeit mehrere Male gelebt?

Das Leben als Priesterin war die Erinnerung an eine Zeit, als ich auf der Suche war nach Glück. Denn meine Rückschau in andere Leben war bisher ziemlich schrecklich. Deshalb wollte ich wissen, ob es nicht eine durch und durch harmonische Existenz für mich gegeben hat. In einer späteren Inkarnation auf Atlantis war mein Ego aus dieser Zufriedenheit herausgewachsen. Damals hatte sich meine Seele eine männliche Form ausgesucht, um leichter an die Macht zu kommen. Eine Wesenheit, die sich für den weiblichen Körper entscheidet, hat die Aufgabe, auch den weiblichen Pol in ihrem Inneren zu finden. Als Mann in Atlantis hatte ich das Wissen aus meinem früheren weiblichen Leben mitgenommen und es benutzt, um der große Magier zu sein, der alles in der Hand hat. Es war wieder die Position des Heilers, aber die Tempelbezirke waren schon zerstört. Da ging es nicht mehr um Frieden und Harmonie. Es waren zu viele Kontakte zur materiellen Ebene da, und deshalb ging es auch immer um Macht und Bereicherung, obwohl das alte Wissen noch vorhanden war und die äußere Form noch gewahrt wurde. Es gab also immer noch einen priesterlichen Zusammenhalt, aber die Gesetze, nach denen man Kanal zu sein hatte für das Göttliche, wurden längst nicht mehr beachtet. Jetzt kam das Heilige an die Macht, was ja ein Widerspruch in sich ist. Und damit hörte auch die Heilkraft auf. Aber um weiterzumachen, bediente man sich nicht mehr der hellen Mächte - also der göttlichen Kraft -, sondern schloß den Pakt mit den dunklen Mächten. Es klingt sicher merkwürdig, aber in dieser Verbindung kann man noch besser heilen. Es ist nämlich so, daß ein Heiler aus göttlicher Kraft nur heilen kann, wenn es seinem Patienten auch vorbestimmt ist. Die hochentwickelten atlantidischen Priester wußten genau um alle früheren Inkarnationen ihrer Patienten und damit auch um die karmischen Zusammenhänge. Deshalb kannten sie auch die Ursachen der Krankheit und wußten, an welchem Punkt er befreit werden mußte und wo nicht. Also hat ein Priester auch erkannt, wenn jemand unheilbar war. Dann ging es um Vergebung und damit um Schmerzlinderung. Es war so eine Art Sterbehilfe, um die Bestimmung dieses Menschen erfüllen zu helfen. Bin ich aber im Bund mit dem Dunklen, dann kann ich auch den, der eigentlich den Weg des Todes vor sich hat, herausholen und damit seiner selbstgewählten Bestimmung entziehen. In einem solchen

Fall kann ich als Magier sagen, ich habe diesen Menschen zum Leben zurückgeführt, und dadurch gehört er mir. Wenn ich als Heiler eine ganze Menge solcher Verbindungen habe, muß ich sie eines Tages alle wieder freisetzen, weil die dann sozusagen über die Inkarnationen als Karma hinter einem herlaufen, weil sie aus ihrem Rhythmus geraten sind. Natürlich sagt das ausgeprägte Ego: Ich will nicht sterben, ich will jung sein und schön. Darum ging es auch in der Spätzeit von Atlantis. Man suchte das Rezept der ewigen Jugend, den Jungbrunnen, und über die Kristallkunde den Stein der Weisen, das Elixier des Göttlichen. Auch das ist schon ein Spiegel unserer heutigen Welt. Wir sehen alle nicht mehr so alt aus, wie wir eigentlich aussehen könnten. Wir sind alle dabei, die Zeit zu überziehen. Dafür stehen die Intensivstationen in den Krankenhäusern mit ihren oft grausamen Methoden, Leben um jeden Preis zu verlängern, genauso wie Operationen an Bauch, Hintern oder Busen, um dadurch schöner und begehrenswerter zu sein. Diese Korrekturen am Körper gab es auch damals in Atlantis, aber man war sich dabei durchaus bewußt, daß man im Pakt mit dem Dunkeln steht. Das Spritzen von Zellpräparaten junger Lämmer zur möglichen Erneuerung unserer eigenen Organe ist nichts anderes als Magie, nur weiß es heute keiner mehr. Die Suche nach dem Lebenselixier begann also schon damals und taucht immer wieder auf, durch alle Zeiten hindurch.

Ingrid, nach diesen Erfahrungen in Atlantis folgten wohl auch Inkarnationen in Ägypten. Überhaupt haben Menschen dieser von dir angesprochenen Geburtsjahrgänge ihre Erfahrungen nicht nur aus atlantidischer Zeit, sondern auch aus den ägyptischen Hochkulturen, der Zeit um Christi Geburt –

*also im Römischen Reich – und aus dem europäischen Mit-
telalter. Es scheint also doch so etwas wie einen Wiederge-
burtenzyklus zu geben. Zurück zu deiner ägyptischen Existenz. Du hast mir einmal erzählt, daß du beim Bau einer
Pyramide dabeigewesen bist und auch um das technische
Geheimnis der Entstehung eines solchen Bauwerkes weißt.*

Es ging darum, daß die Sklaven – Gefangene aus Kriegen
oder Überfällen der Ägypter in fremden Ländern – einer
Art Gehirnwäsche unterzogen wurden, damit sie nach
ihrem Einsatz alles vergessen. Sie konnten sich dann
weder an ihre Arbeit noch an ihren Standort erinnern. In
einem magischen Ritual – einer Art Hypnose – wurden
sie körperlich so aufgewertet, daß sie eine ungeheuere
Kraft entwickeln konnten; so wie man heute ganz harm-
los auf einer Party ein paar kleine Übungen macht, um
einen Menschen an zwei Fingern in die Höhe zu heben.
Es war das Aufheben der Schwerkraft über kurze oder
längere Zeit, damit diese tonnenschweren Quader mathe-
matisch genau bearbeitet und später auch millimeterge-
nau zusammengefügt werden konnten. Wie dies genau
praktiziert wurde, wußte immer nur der absolute Herrscher. Dies stand auf einem Papyrus, den man von einem
Pharao zum anderen weitergegeben hat. Wer in den
Besitz dieses Papiers kam, hatte dann auch die Macht.
Deshalb kam es auch immer wieder zu blutigen Thron-
streitigkeiten, die allein durch das Wissen um die Existenz
dieses Papiers ausgelöst wurden. Es mußte immer einer
sterben, bevor der andere zum menschlichen Gott wurde.

*Das heißt also, daß Ägypten nicht nur ein Einwanderungs-
land für die physischen Atlantider geworden ist, sondern
auch eine Heimat für deren geistiges Prinzip. Warum aber
dann dieser gigantische Totenkult mit seinen steinernen*

Nekropolen und der Technik des Einbalsamierens, wenn doch die Atlantider von der ewigen Existenz der Seele über-zeugt waren und die Materie jederzeit aufgegeben werden konnte?

Die Entwicklung der menschlichen Rasse auf Atlantis ging den Weg vom reinen Geist bis zur Entwicklung der Materie. Frühe Atlantider waren eher konturlose Wesen, bis sich die humanoiden Gestalten bildeten, wie wir sie heute als Menschenrasse kennen. Mit der Bildung des Knochengestells, des Gehirns, wurde der Geist *gefangen*. Man begann, seinen Körper als die eigentliche Wahrheit zu begreifen, und der Gedanke, ihn mit dem Tod zu ver-lieren, war grauenvoll. Also ersannen die herrschenden Ägypter als unmittelbare Nachfahren der Atlantider die Technik des Einbalsamierens als eine Methode, *mit* dem Körper unsterblich zu werden. In Wirklichkeit ist ihre Seele an Ketten gebunden und mit der Materie vereint worden. Die Wesenheit ist durch diese unsägliche Methode an die astrale Ebene angeschlossen, obwohl sie trotzdem ihren Körper aufgeben mußte. Deshalb begeg-nen wir auch in den Therapien oft Menschen, deren Geist jahrtausendelang in den Pyramiden festgehalten wurde, bis ihr Körper endgültig zerfallen war.

Ägyptische Herrscher haben sich ja nach ihrem Tod oft mit ihrer ganzen Familie, mit Haustieren und Mobiliar in ihren geräumigen Grabkammern bestatten lassen. Damit sind also auch ihre Seelen eingekerkert worden, was zu einer Fehlentwicklung einer ehemals humanen Geisthaltung führte?

Es war, wenn man so will, der Fluch von Atlantis. Über eine unvorstellbar lange Zeit herrschte ein freier, ungebundener Geist, der sich in wiederum unvorstellbar langen Zeiträumen einen idealen Körper schuf, der stets mit den sich verändernden physikalischen Gesetzen der Erde im Einklang war. Der Körper – so wie wir ihn auch heute besitzen – wurde dermaßen zum Lieblingsobjekt des Geistes, daß es eine grauenvolle Vorstellung war, ihn eines Tages aufzugeben und den Würmern zu überlassen. Also glaubte man, über die Unsterblichkeit des Leibes die Unsterblichkeit der Seele zu sichern. Dies alles galt nur für die herrschende Kaste der Ägypter. Das Volk, dem auch das Totenbuch als eine Art Reiseführer ins Jenseits gewidmet war, starb weiterhin einen humanen Tod. Irgendwie ist diese Entwicklung auch karmisch zu sehen. Denn wer sich anmaßte, zeit seines Lebens so viele Menschen zu Sklaven zu machen, zu einer Art Zombies, die ihre Orientierung verloren, muß mit einer polaren Reaktion rechnen. Das Fazit: Sie haben ihre eigene Größe eingemauert. Natürlich versprach man sich von dieser Technik einen Erfolg im Jenseits, Größe und Sicherheit nach dem Motto: »Auch dort ein Gott sein«. Aber man ist erst gar nicht über die Schwelle gekommen.

Gibt es denn heute noch Wesenheiten in bisher unentdeckten ägyptischen Grabkammern, deren Körper wegen ihrer Mumifizierung zu Gefängnissen ihrer Seele geworden sind?

Je mehr Ausgrabungen man macht und je mehr Körper man findet, die ans Tageslicht gebracht werden und zu Staub zerfallen, desto mehr gebundene Seelen werden freigesetzt. Das Einwickeln war das Bündnis mit der Materie, und das Öffnen und der Verfall stehen für das Freisetzen der Individualität.

In welcher gesellschaftlichen Position warst du damals?

Natürlich der Herrscher. *(Sie lacht.)* Ich hatte das Papier, aber ich hatte es nicht lange. Ich habe dafür *gemordet* und bin auch sehr schnell wieder *ermordet* worden. Es war also keine besonders lange Ausübung der Macht. Trotzdem war dieses Leben so voller Aktivität, daß es noch in viele andere Inkarnationen nachwirkte und ich mit bestimmten Prinzipien aus dem altägyptischen Reich noch heute konfrontiert werde. Die Suche aus meinem jetzigen Leben ist immer noch die Suche nach meinen damals abgespalteten Teilen. Da ich diese Folgen erkenne, befinde ich mich auf dem Weg der Heilung. Denn der, der erst einmal ungestraft davonkommt, steht an einer anderen Stelle des kosmischen Gesetzes als der, der mordet und selbst ermordet wird. Ein Mord wird als Tat eher aufgelöst, wenn man danach selbst zum Opfer wird. Ich weiß um diese Situation. Deshalb fällt es mir leichter, meine innere Ordnung wiederherzustellen. Ich bin also in meinen ganzen Lebenssituationen nicht immer das arme Opfer, dem die anderen Böses wollen. Ich bin Täter und Opfer gleichzeitig, so wie Mann und Frau gleichzeitig in mir enthalten sind.

Gibt es denn ergänzend zu diesen mehr gefühlsmäßigen Erinnerungen auch historische Bezüge? Weißt du, welcher Pharao in den langen ägyptischen Dynastien du gewesen bist?

Nein, und ich habe mich wohlweislich davon ferngehalten, zu recherchieren. Es gibt Kanäle, dies herauszufinden, und man kann frühere Reinkarnationen auch historisch dokumentieren. Dazu gibt es umfangreiche und verblüffende Literatur. Aber ich habe gerade zu dieser ägyptischen Existenz starke Berührungsängste, weil ich ihren Ablauf fast als einen Makel empfinde. Für die Reinkarnationstherapie sind Daten und Fakten ohnehin nicht von Belang. Wir müssen davon ausgehen, daß die inneren Bilder da sind, um sich zu erkennen. Denn alles, was ich einmal war, bin ich in meiner Grundstruktur noch heute, als Potential. Eine frühere Schuld mindert sich in dem Maße, in dem ich sie erkenne. *Dazu* sind die Bilder da und nicht, um sich mit historischen Fakten wichtig zu machen. Jeder Therapeut schaut sich den Inhalt dieser Bilder an und nicht die ehemalige Größe seiner Personen und deren Machtstrukturen.

Gibt es denn Hinweise darauf, daß diese Hoch-Zeit von Atlantis, die du ja offenbar in einer Inkarnation erlebt hast, diese Vergeistigung der Menschen, diese absolute Harmonie, wiederkehren kann? Denn wir sind ja im Moment die Antipoden zu Atlantis, wenn ich das richtig sehe.

Wir sind sozusagen der Schatten von Atlantis, obwohl Atlantis selbst auch seinen Schatten hatte. Und damit ist klar, daß, wenn wir jetzt der Schatten sind, der andere Teil kommen muß. Denn immer, wenn ich in der Dunkelheit bin, dann bekomme ich eines Tages als Spiegel das Helle. Bin ich im Licht, bekomme ich die Dunkelheit. Also sehe ich in unserer jetzigen mutwilligen Zerstörung unserer materiellen Ressourcen den Weg zu einem geistigen Leben, in das wir aber die Erkenntnis mitzunehmen haben, daß wir die Zerstörer und Nein-Sager sind, daß wir alle in einem Bündnis gegen Gott stehen, auch wenn wir noch soviel beten oder meditieren. Dieses Akzeptieren unseres Fehlverhaltens verhilft uns letztendlich aber auch dazu, eines Tages wieder zurückzukehren. Also liegt auch in dieser negativen Entwicklung etwas Positives. Denn erst, wenn es zu spät ist, besinnt sich der Mensch. Er besinnt sich nie fünf Minuten vorher, siehe der atomare Unfall von Tschernobyl und die umgekippte Nordsee mit ihrem unsäglichen Sterben von Pflanzen und Tieren. Jeder Warner, der ein wenig klüger ist als die anderen, hat kaum eine Chance. Ich sage dies nicht als ein Besserwisser, denn ich bin auch jemand, der sein Zeug in die Nordsee schüttet, weil ich weiß, daß ich nie die Verantwortung für das Ganze übernehmen würde. Mein Ego sagt mir doch: Ach, was macht denn schon mein bißchen Umweltverschmutzung?

Dieser Gedanke wohnt in jedem, und erst wenn endlich einer merkt, daß es nicht die Großkonzerne allein sind, die zur Katastrophe führen, sondern unser eigenes bequemes Denken, unser momentanes naturfernes Bewußtsein, erst dann kommt es zu einer spirituellen Umkehr. Wir müssen Frieden mit uns selbst schließen, bevor wir andere einbeziehen. Da wir dies offenbar wissen, aber nicht danach handeln, werden wir eine andere Lebensform annehmen müssen. Natürlich gibt es Menschen, die über das bloße Erkennen hinaus auch eingreifen, wie die Leute von Greenpeace, die sich mit einem Boot vor die Verklappungsdampfer stellen. Viele schlafen auch dann noch, aber es gibt doch noch einige wenige, denen bei solchen Aktionen ein Licht aufgeht.

Und dieses Licht verkündet das Ende der rein materiellen und den Beginn einer geistigen Entwicklung? Aber wie können wir ohne die materielle Welt in der puren Vergeistigung leben?

Es gibt ja dann eine neue, eine andere Welt, in der wir wie zur Hoch-Zeit von Atlantis die Materie nicht mehr wichtig nehmen. Wir brauchen offenbar den Träger Materie, um unser geistiges Potential zu erkennen. Jede Akzeptanz von Materie bedeutet sogleich den Fall. Wir werden uns deshalb auch nicht mit einem Crash von dieser Materie trennen, sondern sie wird von Existenz zu Existenz immer weniger wichtig. Bisher sind wir den Weg von der Einheit in die Vielfalt gegangen. Wir waren ursprünglich alle vereint und sind auseinandergefallen. Wir tun dies übrigens auch heute noch mit der Geburtenexplosion auf diesem Planeten. Im Moment gibt es fünf Milliarden Menschen, aber schon zur Jahrtausendwende werden es fünfzehn Milliarden sein. Unsere Seelen spalten sich damit in immer kleinere Teile, wir fallen damit immer mehr auseinander. Und wir *vereinzeln* uns dabei immer mehr zu immer mehr Individuen, von denen jedes für sich unverwechselbar ist wie ein ganzes Universum. Im Moment regiert die Einzigartigkeit jedes einzelnen Menschen. Doch gibt es schon die ersten, ganz leisen Stimmen, die zur Rückkehr in die Einheit mahnen. Eine Partnerschaft beispielsweise ist ein solcher Rückzug in die Einheit. Zwei Menschen, die sich miteinander verbinden, haben jeder ihr *eigenes* Ziel und ein *gemeinsames*. Das gemeinsame Ziel ist wie der Punkt C über A und B in der Mitte, das heißt, sie entwickeln sich von einem Punkt A und einem Punkt B zu einem höheren C. Wenn wir lernen, einen Menschen zu diesem Weg aufzufordern, dann können wir es auch mit zweien oder mit dreien versuchen. Irgendwann entsteht dann ein Ring, und wir sind alle zusammen auf der Pyramidenspitze angekommen. Wir müssen also lernen, über uns hinweg den Partner zu lieben. Auch dieses scheinbare Unvermögen ist ein Makel unserer atlantisfernen Existenz. Denn wenn ich einen liebe, liebe ich in dem einen alle. Aber was machen wir? Wir sagen, so wie du aussiehst, kommst du mir nicht rein. Wasche dir erst deine Füße, sei nett, sei ordentlich, sei so, sei so, und wenn du dies nicht bist, laß mich in Ruhe. Dies bedeutet ganz einfach, die Chance zur Rückkehr zu vertun.

Gibt es denn Hinweise, Ingrid, daß Individuen von Atlantis dir in deinem jetzigen Dasein wiederbegegnet sind?

Dies ist auch ein Punkt, wo ich nicht hinschaue. Ich ahne es, und ich könnte jetzt sicher ein paar Namen nennen, aber das möchte ich nicht. Ich weiß ja auch gar nicht, ob die das genauso sehen.

Gibt es so etwas wie ein geistiges Wiedererkennen, haben Sympathie oder Antipathie etwas damit zu tun?

Das geistige Wiedererkennen ist gleich stark bei Sympathie oder Antipathie, denn der eine war mal ein guter Freund, der andere mein Feind oder Widersacher. Die Emotionen sind in beiden Fällen gleich stark. Wenn ich mit einem Menschen keinen Kontakt bekomme, wie zum Beispiel mit einem Gast am Nebentisch eines Restaurants, so ist dies jemand, der ganz weit weg von mir ist, der noch lange nicht auf dem Rückweg zu mir ist, um sich mit mir zur Einheit zu verbinden.

Aber er hatte mit dir zu tun, sonst wäre er nicht in deinen Dunstkreis geraten?

Richtig, er hatte auch mit mir zu tun, aber ganz am Rande und genauso anonym wie jetzt. Und deshalb kommt er

wieder an den Rand. Für *ihn* ist die Situation zu *mir* ja
genauso. Aber manchmal löst sich jemand aus der An-
onymität und kommt immer näher. Dies bedeutet, daß er
auch damals diesen Stand erreicht hat. Dann nehmen wir
einige Menschen heraus, zu denen es nähere Beziehungen
gibt. Die Eltern, denen wir besonders nahestehen und mit
denen wir sicher auch den meisten Streit hatten, die Partner, die Geschwister und die engen Freunde. Und mit all
jenen waren wir schon immer irgendwo und irgendwann
einmal zusammen, aber nicht immer in dieser Konstellation. Durchaus möglich, daß meine Mutter meine Tochter
war und meine Freundin mein Vater. Wir werden zwar
immer wieder gemeinsam geboren, aber wir treffen uns
nicht immer wieder. Da werden Zeiten ausgelassen.
Wir kennen alle die Situation, daß ein Mensch zwei
Freundeskreise hat, die sich miteinander nicht verstehen.
Viele Menschen haben so ein Doppelleben und akzeptieren die Freunde des Partners ebenso wie ihren eigenen
Kreis. Es ist aber unmöglich, beide Gruppen zusammen-
zubringen. In dieser Konstellation könnte es sein, daß
man die einen mitgebracht hat aus Atlantis und die anderen aus dem Mittelalter. Dabei sage ich nicht, daß die
einen wichtiger sind und die anderen unwichtiger.

Wer dreht daran, wer bestimmt diese Gesetzmäßigkeiten?

Dies ist wie eine Flugbahn. Wenn wir uns vorstellen, wir
sind alle eine Art Billardkugel. Und irgendeiner gibt dann
den Anstoß, und wir rollen los. Und dieser eine ist dann
die Einheit gewesen. Während wir auf die anderen
Kugeln stoßen, bekommen sie wieder eine andere, individuelle Schwingung und laufen jetzt in ganz bestimmten
Kurven über diese grünbespannte Fläche, die wir mit

unserer Erde vergleichen können und die ein riesiges Billardspiel ist. So treffe ich auf einen Haufen Kugeln, vereine mich mit ihnen, pralle ab und treffe wieder auf andere. Alles erfolgt unter der Gesetzmäßigkeit des allerersten *Anstoßes*. Und wenn ich sage, daß *den* Gott ausgelöst hat, könnte ich auch sagen, wir waren es. Denn wir sind letztendlich Gottes Idee und damit Gott. Wir haben uns einst voneinander getrennt und sausen durch das Wirrwarr von Kugeln, um schließlich wieder zu einer Gruppe zusammenzufinden. Natürlich sind alle diese Bilder nur Konstruktionen, und wir wissen nicht, ob sie wirklich stimmen. Aber die Idee eines jeden einzelnen Menschen bringt ihn persönlich näher an die Wahrheit, denn jeder muß das Bild seiner Existenz *erfühlen*. Somit stimmen dann wieder alle, und wir brauchen gar nicht in die große Konkurrenz zu treten. Egal, wo ich hinschaue, alles stimmt miteinander überein. Nur die Worte und Bilder sind unterschiedlich. So ist Atlantis im Dunkel der Zeiten *versunken,* aber doch gleichzeitig *lebendig* in mir.

Unter der großen Kuppel

Penny McLean über die Rechtsprechung in Atlantis nach karmischem Gesetz

Die Österreicherin Penny McLean lebt in München und hat in den siebziger Jahren als Leadsängerin der Pop-Gruppe »Silver Convention« Furore gemacht. Mit Liedern wie »Fly, Robin, fly« traten die drei Damen in Fernseh-Shows und bei Betriebsfesten auf, kamen in die Hitparaden und fanden auch im fernen Japan Freunde. Später peilte Penny eine Solokarriere an und verkaufte damit achtzehn Millionen Schallplatten. Hochdekoriert mit den Trophäen ihrer Branche verließ sie als »Lady Bump« die Show-Szene, um als Schauspielerin und Sängerin in Musicals ihren künstlerischen Weg fortzusetzen. Als »unbelehrbare Optimistin« gründete sie mit Freunden in Frankfurt das »Goethe-Theater«, das mit dem Stück »Stella« eröffnet wurde.

Wie viele ihrer Kolleginnen hat auch Penny einen Hang zum Mystischen. Während Shirley McLaine Bücher über ihre esoterischen Erfahrungen veröffentlicht und sich Ruth-Maria Kubitschek als Anhängerin der Kristalltherapie ausweist, war Penny schon als Kind »in besonderen Bewußtseinsstufen, die transzendentale Erlebnisse zur Folge hatten«.

Sie behauptet, mit mehreren Geistführern mediale Beziehungen zu unterhalten. »Die sind mir oft auch bei der Erfüllung völlig irdischer Dinge behilflich«, erklärt Penny. »Diese Wesen informieren mich über eigene spirituelle Bezüge. Ich kann aber auch Informationen zu anderen Menschen bei ihnen abrufen«, erklärt Penny, die bisher viermal auf der Erde gelebt haben will: in Atlantis, Ägypten, Spanien und Schottland.

Penny schließt jedoch nicht aus, daß alle Menschen eine universelle Existenz besitzen und damit auch auf anderen Planeten schon gelebt haben.

Mit ihren Erklärungen zur Wiedergeburtstheorie benutzt sie ein oft zitiertes Modell, wonach ein Mensch nicht als unverwechselbare, individuelle Persönlichkeit wiedergeboren wird, sondern aus vielen Spalt-Persönlichkeiten zusammengesetzt sei.

»Wir können genauso ein Teil von Napoleon sein wie von einem seiner unbekannten Soldaten oder einem Indianer, der zur gleichen Zeit in irgendeiner verlassenen Höhle gelebt hat«, erklärt Penny McLean. »Deshalb tauchen in Reinkarnationssitzungen ja auch immer nur kurze Sequenzen einzelner Erlebnisse auf. Ganz selten werden mal längere Abschnitte chronologisch genau sichtbar.«

Im Zusammenhang mit Atlantis hat die Künstlerin pointierte Erinnerungen an die Rechtsprechung während einer bestimmten Epoche, die nach anderen Grundsätzen als heute erfolgte. So habe man unter einer Kuppel die Wahrheit über einen Beschuldigten herauszufinden versucht. Bei der Urteilssprechung seien dann die möglichen karmischen Zusammenhänge ebenso berücksichtigt worden, wie bei der anschließenden Strafverbüßung nach humanitären Grundsätzen vorgegangen worden sei.

Penny McLean ist davon überzeugt, daß die inzwischen wieder inkarnierten Atlantider im Laufe der nächsten Jahre zueinander finden werden, um das unterbrochene Werk früherer Zeiten zu vollenden.

Die Sängerin Penny McLean behauptet, als Rechtsgelehrter in Atlantis gelebt zu haben.

Gibt es für dich deutliche Erinnerungen an Atlantis?

Es sind Bilder, die blitzartig auftauchen, denen aber der große Zusammenhang fehlt. Durch Abfragen in der anderen Dimension kann ich sie dann zeitlich einordnen. Diese Methode hat nichts mit dem sogenannten »Channelling« zu tun, sondern funktioniert mehr über das »dritte Auge«. Diesen Dialog kann ich nicht erklären, er ist halt da.

War dieses Atlantis materiell vorhanden oder mehr eine geistige Dimension?

Es war beides. Es war sowohl ein Kontinent als auch ein geistiges Gebäude, konstruiert von seinen Bewohnern. Ich kann zum Beispiel auch nicht sagen, in welcher Epoche von Atlantis ich gelebt habe, denn die Wesenheiten, von denen ich heute meine Informationen erhalte, leben außerhalb der Zeit. Wenn sie sagen, es passiert etwas sehr bald, dann kann es in zehn Jahren sein. Oder wenn sie mir mitteilen, daß eine bestimmte Situation noch gar nicht so lange her ist, dann können dies zehntausend Erdenjahre sein.

Wie oft hast du in Atlantis gelebt?

Mir ist nur eine Inkarnation bekannt. Es ist mir auch gesagt worden, ich hätte bisher nur vier Leben auf diesem Planeten gehabt.

Welche Rolle hast du in Atlantis gespielt?

Ich war Lehrer für Rhetorik und Rechtswissenschaft. Die Rechtsprechung in Atlantis war völlig anders als in den uns bekannten Zeiten danach, und ich wünschte sehr, man würde dieses System bei uns wieder einführen. Es durfte zum Beispiel nur jemand Richter sein, der eine bestimmte Stufe seiner geistigen Entwicklung erreicht hatte. Es gab auch Richter, die nicht speziell ausgebildet waren, sondern diesen erforderlichen Reifegrad einfach besaßen. Es gab keine geschriebenen Gesetze, sondern es wurde individuell gerichtet. Auch das Strafsystem kann man sich heute nicht mehr vorstellen, denn die Strafe wurde von dem Beklagten selbst gewählt.

Der Raum, in dem Recht gesprochen wurde, war heilig. Kein neugieriges Publikum konnte auf eine Sensation hoffen. Richter und Angeklagter trugen während der Verhandlung rituelle Gewänder.

Welche Strafen wurden denn verhängt?

Es gab weder körperliche Züchtigungen noch die Todesstrafe. Leute, die sich danebenbenommen hatten – ich will das Wort »schuldig« in diesem Zusammenhang vermeiden – wurden erst einmal separiert in einer Art Kolonie, einem Internat vergleichbar, in dem Lebenslektionen noch einmal wiederholt werden mußten. Bei besonders schweren Verfehlungen konnte es durchaus sein, daß bestimmte Atlantider ihr ganzes Leben dort verbringen mußten.

Bei einer rein geistigen Rechtsprechung müßte doch auch die karmische Situation eines Beklagten berücksichtigt werden?

Genauso ist es. Wir alle folgen ja einem Kausalitätsgesetz, das heißt, wir müssen Taten aus früheren Existenzen aufarbeiten und dabei gleichzeitig unseren freien Willen einsetzen. Nicht jeder, der einmal Opfer war, muß demnach später Täter sein. Trotzdem folgen wir natürlich alle einem kosmischen Weg, so daß jede Tat auch vor dem Hintergrund unserer universellen Existenz gesehen werden muß. Mancher, der vordergründig als Verbrecher erscheint, opfert sich eigentlich, um dem anderen die Erfüllung zu ermöglichen.

Demnach müßte also Judas, der seinen Herrn Jesus auf dem Ölberg den Häschern ausgeliefert hat, der Lieblingsjünger seines Herrn sein. Denn irgendeiner hat es ja tun müssen, damit Christus seinen Weg vollendet. Judas hat sich geopfert und damit sein Karma belastet?

So sehe ich das auch. Vor diesem inneren Hintergrund wurde in Atlantis auch Recht gesprochen. Übrigens wurde ein Urteil nie gegen den Verurteilten verfaßt, sondern mit ihm. Er mußte erkennen, warum er gerade in dieser Situation war, und daraus seine Lehren ziehen.

Warst du in Atlantis also ein Mann, der ein Richteramt bekleidete?

Ich war ein Mann, aber kein Richter. Eher so etwas wie ein Verteidiger. Die Verhandlung wurde in einem Vorraum geführt, den auch Zuschauer betreten durften. Um meine Plädoyers zu hören, kamen die Leute von weit her. Es muß wohl so eine Art Rechtsphilosophie gewesen sein, die ich bei dieser Gelegenheit verbreitete. Denkanstöße wurden vermittelt und revolutionäre Ideen geboren.

Kannst du dich daran erinnern, wie dieses Haus aussah, in dem da Recht gesprochen wurde?

»Es gibt heute wieder ein perfektes atlantidisches Kommunikationssystem«, behauptet Penny McLean im Gespräch mit Autor Rainer Holbe.

81

Es war ein tempelartiges Gebäude mit mehreren Bereichen. In seinem Innersten, einem Altarraum, wurde das Urteil verkündet. Seltsam ist, daß ich mich weder an Stadtansichten noch Verkehrsmittel erinnern kann. Solche Szenen sind in den »Flashs«, die ich erhalte, einfach nicht drin. Ich weiß nur, daß wir uns mit Worten unterhielten und ich meinem heutigen Ich sehr ähnlich war – und doch völlig anders. Es kann also eine spät-atlantidische Epoche gewesen sein, in der die Materie bereits unseren Härtegrad erreicht hatte.

Gab es denn Atlantider, die ihre Vergehen leugneten und nicht bereit waren, sich dem Urteilsspruch auszusetzen?

Ja, aber diese Menschen wurden dann unter eine Kuppel gestellt, in der ein Ton erzeugt wurde, der in einem ganz hohen Frequenzbereich lag. Wenn der Angeklagte nun wirklich zu Recht da stand, hat er den Ton nicht ertragen. Wenn jemand die Unwahrheit sagte, erzeugte er eine ganz bestimmte Schwingung, die mit der technisch erzeugten Schwingung kollidierte. Wenn man so will, war dies ein Lügendetektor mit unangenehmen Folgen für die psychische Gesundheit.

Der oberste Richter freilich brauchte solche Hilfsmittel nicht. Er war ein wirklicher »Eingeweihter«, der über dem Gesetz stand. Es gibt heute wie damals unter den Menschen Fehl-Inkarnationen, die Energie abziehen und das Programm des *Menschseins* stören. Diese wurden vom »Eingeweihten« zurückgeschickt, um ihre Inkarnation zu überdenken. Sie wurden körperlich eliminiert, auch wenn sich dies jetzt sehr böse anhört. Die »Eingeweihten« unserer Epoche scheuen solche Eingriffe. Sie sitzen irgendwo in Tibet, Indien oder Kalifornien, meditieren und schweigen. Sie scheinen mir keine Verantwortung übernehmen zu wollen, obwohl sie im vollen *Bewußt-sein* dessen sind, was wirklich passiert. Auf was wollen sie denn noch warten? Wir sind in der Endzeit. Es ist fünf vor zwölf. Das Schweigen muß gebrochen werden, sonst machen sie die gleichen Fehler wie in Atlantis.

Wer sind denn im Moment die Menschen, die Courage zeigen?

Es sind auch die, die beispielsweise für Nelson Mandela Pop-Konzerte veranstalten. Ich bin auch sicher, daß Gorbatschow ein Atlantider ist, ob er dies weiß oder nicht. Bei Reagan bin ich mir nicht so sicher, da müßte ich ihn einmal persönlich sehen. Es sind nicht immer Politiker oder Staatsbeamte in den höchsten Ämtern, die vom Geist der Umkehr beseelt sind. Adenauer war mit Sicherheit ein Veränderer, von dem ich mental weiß, daß er eine hohe chinesische Inkarnation hinter sich hat. Es gibt ein paar Leute, denen man ihre früheren Leben genau ansieht und dadurch in etwa weiß, wie sie sich entwickeln. Um es noch einmal zu sagen: Es sind meine Informanten in anderen Bewußtseinsebenen, die mir diese Nachrichten vermitteln.

Weißt du etwas über den Untergang von Atlantis. Der muß ja ziemlich spektakulär gewesen sein?

Ja, und er war auch zum Teil von den Bewohnern selbst verursacht. Die Leute konnten ja mit Energien umgehen, von denen wir heute gar keine Ahnung haben. Es ist übrigens die gleiche Energie, mit der Plejaden-Bewohner in ihren Raumschiffen kosmische Reisen unternehmen und dabei riesige interstellare Entfernungen überbrücken.

Dies klingt vielleicht ziemlich unglaubwürdig, aber ich habe von dieser Technik mental erfahren. Sie wurde damals auf Atlantis von »Eingeweihten« gehütet. Doch je dichter die materielle Welt wurde, desto mehr baute sich individuelle Macht auf, die auch mißbraucht wurde und schließlich zur Katastrophe führte.

Die heute wiedergeborenen Atlantider haben also alle eine Aufgabe zu erfüllen, an der sie schon einmal mit weniger Fortune gearbeitet haben. Also auch du?

Ja, ich habe damals als eine Art Philosoph die Entwicklung verfolgen können und auch das Ende vorausgeahnt. Aber ich habe mich vornehm zurückgezogen und nichts unternommen. Dies war wohl meine Schuld. Ich habe ein bequemes Leben vorgezogen. Für etwa zehn Plädoyers im Ablauf eines Jahres bekam ich viel Geld, das mir half, in dieser sorglosen Existenz meine Bücher zu schreiben. Ich habe gegen die Gefahr nichts unternommen, obwohl es mir durch meine Redekunst und meine Beliebtheit möglich gewesen wäre.

Kann es sein, daß frühere Atlantider sich in dieser Zeit zusammenschließen, um Unheil von diesem Planeten abzuwenden?

Ja, das stimmt. Diese Frage habe ich vor fünfzehn Jahren dem Rudolf Steiner gestellt, auch wenn er schon in den zwanziger Jahren gestorben ist. Aber ich habe da halt meine Methode. Und er meinte, ich würde alle die anderen spielend erkennen. Dies traf dann auch alles zu, als ich wegen meiner Karriere als Pop-Sängerin durch die Welt reiste. Fremde Menschen sprachen mich an, luden mich in ihre Zirkel ein, reichten mich weiter an andere Gruppen in anderen Ländern. Es war ein perfektes Kommunikationssystem, wie es auch die CIA nicht besser hätte aufbauen können.

Was wurde da ausgetauscht und zu welchem Zweck?

Vor allem Wissen. Ich erhielt die Abschriften universeller Durchgaben, Bücher, die mich weiterbrachten und mein mystisches und ökologisches Wissen vertieften. Steiner sagte dabei immer wieder, daß die Gruppe sich sammeln müsse. In all den Friedensgruppen, bei »Amnesty International«, den »Grünen« und bei »Greenpeace« sitzen die Menschen, die mit neuem Wissen Unheil von diesem Planeten wenden wollen. Auch einige Politiker sind darunter. Aber wir dürfen nicht vergessen, auch diesmal sind wir wieder Menschen, sind wir Materie. Und es ist nicht sicher, ob wir es schaffen werden. Wir sind in der gleichen Situation wie damals kurz vor der Katastrophe von Atlantis. Ich hoffe nur, daß wir uns diesmal bewußter darüber sind, wohin totaler Materialismus führen wird.

Atlantis war deine erste Inkarnation auf dem Planeten Erde. Wo warst du vorher?

Es gibt in unserer unmittelbaren kosmischen Umgebung zwölf Planeten, auf denen wir uns inkarnieren können und von denen jeder ein eigenes Lernprogramm hat. Das Leben auf der Erde dient dazu, mit der Polarität – das heißt den Gegensätzen – fertig zu werden. Das ist ein ganz schwieriges Thema und fängt schon mit Mann und Frau an. Solche partnerschaftlichen Konflikte beschäftigen manche Menschen vierzig Inkarnationen lang.

Susanne auf Bimini. Hier sollen sich unter Wasser Tempelanlagen von Atlantis befinden.

Luna – die große Göttin

Susanne Moser und ihre blühenden Häuser

Solange sie denken kann, hat Susanne Moser* aus Köln den Mond in die Mitte einer von ihr geformten phantastischen Welt gestellt. Schon als Kind malte sie bizarre Landschaften, unwirkliche Städte und seltsame Pflanzen, über die ein großer, silberner Mond sein Licht ausbreitete.

Alle vier Wochen, während der Vollmondnächte, schläft Susanne nur wenig. Wo sie sich auch immer befindet, stets macht sie lange Spaziergänge – am Ufer eines Flusses, in den Straßen einer Stadt oder durch menschenleere Gebirge. Das Kind ist mondsüchtig, haben schon Vater und Mutter festgestellt, und in der Schule wurde sie wegen ihrer übergroßen Zuneigung zu dem Erdtrabanten »Mond-Suse« genannt.

Das Abitur schaffte Susanne mit Bravour. Doch das Studium der Zahnmedizin, das sie über drei Semester hinweg angepeilt hatte, wurde ihr langweilig und öde. Sie belegte ein paar Vorlesungen bei einem Archäologieprofessor und hat sich vor kurzer Zeit in einer Heilpraktikerschule eingeschrieben, um abseits der orthodoxen Medizin die Methoden der Naturheiler kennenzulernen. In esoterischen Seminaren stieß sie zum erstenmal auf Atlantis. Seither fasziniert sie dieses Thema so sehr, daß sie inzwischen ihren Urlaub auf den Azoren, auf Lanzarote, Santorin und den Kapverdischen Inseln verbracht hat,

* Der Name wurde auf Wunsch geändert.

Orte, die nach den Überlieferungen Reste des verschollenen Atlantis sein sollen. Auf der Bahama-Insel Bimini hatte Susanne ausgeprägte Visionen über ein Leben in früher Zeit, das ihr so phantastisch vorkam, daß inzwischen zwei Schulhefte mit diesen Erlebnissen vollgeschrieben sind. Susanne, die 1964 in Düsseldorf geboren wurde, ist fest davon überzeugt, in Atlantis gelebt zu haben.

Susanne, sind Sie mondsüchtig?

Nicht in dem Sinne, daß ich als Traumwandlerin in Vollmondnächten auf Dachfirsten spazierengehe. Aber ich fühle mich vom Mond fast magisch angezogen. Früher dachte ich, daß meine Geburt in einer Vollmondnacht damit zu tun hat. Jetzt aber weiß ich, daß ich mein erstes irdisches Leben in früherer atlantidischer Zeit führte. Damals war für uns der Mond das beherrschende Prinzip. Er war unsere Lichtquelle, er war unsere Göttin. In vielen Völkern dieser Erde ist der Mond ja weiblich: La Luna. Er verkörpert alle weiblichen Eigenschaften und hat mehr Macht über das Leben auf der Erde, als wir glauben. Wir wissen seit Urzeiten, daß er nicht nur die Gezeiten der Meere beeinflußt, sondern das Wachstum aller Menschen und Tiere. Es ist noch weitgehend unerforscht, aber der Mond ist ein wichtiger Teil der Naturgesetze. Kein Wunder, daß wir schon im frühen Atlantis seine mächtige Magie erkannten und auch für uns nutzten.

In welcher Form waren Sie denn in Atlantis verkörpert?

Da ich meine erste Inkarnation im frühen Atlantis hatte, war ich mehr eine geistige Struktur, die sich im Laufe ihrer hundertjährigen Existenz eine materielle Hülle schuf. Ich war eindeutig androgyn, hatte aber später eine humanoide Grundstruktur. Nur war ich viel größer als heute, viel elastischer und ohne den Knochenbau, wie ihn heutige Menschen haben. Wir waren alle Riesen damals, mit einer langen Lebensdauer.

Können Sie sich denn noch daran erinnern, wie Sie und Ihre Mitgeschöpfe auf Atlantis gelebt haben?

Wir wohnten in einer turmartigen Stadt, die sich bis zu den Wolken zog, aber auch tief in die Erde hinein. Die Stadt war von etwa zwei Millionen Einwohnern besiedelt und verfügte über eine Art Selbstversorgungssystem. Es herrschte reges Leben und Treiben, aber alles in einer seltsamen, gläsernen Stille. Die Luft war dicker als heute, dafür war das Wasser dünner. Es war eigentlich nie so richtig zu unterscheiden, wo das Land aufhörte und das Meer begann. Wir konnten uns überall herrlich leicht bewegen, wir schwebten fast. Die atmosphärischen Verhältnisse waren anders als heute. Schließlich war die Erde damals noch ein junger Planet, und die geologischen Verhältnisse hatten sich noch nicht stabilisiert. Alles war weich und elastisch. Es herrschte tagsüber ein fast undurchdringlicher Nebel, so wie wir es heute in der Regenzeit aus den tropischen Urwäldern kennen. Die Sonne war nur als milchiger Fleck am Himmel auszumachen. Mit ihrem Untergang aber verzog sich der Nebel, und alles wurde klar und deutlich. In mondlosen Nächten waren die Sterne unser Lichtquell. In den Vollmondnächten wurde gefeiert. Es war die Zeit für magische Wandlungen.

Welche Magie wurde zu welchem Zweck verwendet?

Nun, wir beeinflußten das Wachstum unserer Pflanzen. Bäume und Sträucher konnten wir mit unseren Gedanken zu kunstvollen Gebäuden formen, die auf Wunsch zu blühen begannen. Pflanzen und Bäume waren unsere Lebensgrundlage. Ihre Keimkraft nutzten wir zur Überwindung der Schwerkraft und damit auch zu einer Art Luftfahrt. Wir hatten Fahrzeuge, die etwa dreißig Meter über dem Boden dahingleiten und damit riesige Entfernungen überbrücken konnten. Schon in früh-atlantidischer Zeit waren wir in der Lage, den Globus zu umrunden.

Das klingt phantastisch. Aber warum wurden solche Reisen unternommen?

Wir tauschten Pflanzen und Güter mit unseren Freunden auf Lemuria aus, ein Schwester-Kontinent von Atlantis, der in der heutigen Südsee lag. Er bestand aus den Teilen Mu und Gondwana und war zu meiner Zeit eigentlich nur noch fragmentarisch vorhanden. Erdgeschichtlich ist Lemuria älter als Atlantis und auch früher besiedelt gewesen.

Da Sie ja ausgeprägte früh-atlantidische Erinnerungen zu haben scheinen, wissen Sie sicherlich auch einiges über das sagenumwobene Land Hyperborea zu sagen.

Hyperborea war der damalige Nord-Kontinent der Erde. Wir können ihn uns im heutigen Grönland vorstellen, das mit einem Teil des europäischen Festlandes verbunden war. Das Mittelmeer ist erst sehr viel später entstanden.

Hyperborea war unter den damaligen geologischen Verhältnissen ein subtropischer Kontinent, der von den sogenannten Nord-Menschen bewohnt wurde. *Grönland* war wirklich ein *grünes Land,* auf dem Mammuts grasten, Palmen standen und Wein angebaut wurde. Über Tausende von Jahren hinweg war das Klima dort entschieden besser als in Atlantis. Bis durch die Polverschiebung eine Klimaverschlechterung eintrat, die eine allgemeine Abkühlung zur Folge hatte: der Beginn der späteren Eiszeit.

Was geschah dann mit den Hyperboreern?

Sie wanderten aus. Sie kamen nach Atlantis und brachten damit eine weitere Rasse in unsere Gemeinschaft ein. So merkwürdig dies heute auch klingen mag, sie waren von blauer Hautfarbe und von weicher, elastischer Struktur. Atlantis war sowohl ein Einwanderungs- als auch ein Auswanderungsland. Durch diese ständige Fluktuation bildete sich eine recht liberale Gesellschaft, die miteinander auf einer Ebene der Seelenfreundschaft verbunden war. Man kann sich in diesem Zeitalter überhaupt nicht vorstellen, daß es Menschen gegeben hat, die auf eine tiefe und wunderbare Weise mit *allem Leben* verbunden waren. Dabei benutzten wir kaum unsere Sprache. Wir verstanden es, Gefühle füreinander auf telepathische Weise auszudrücken. Da unser Ego noch nicht ausgebildet war, gab es auch keine Machtansprüche und keinen materiellen Besitz, um den gekämpft werden konnte. Hyperborea und Atlantis waren von Anbeginn der Zeiten durch einen Golfstrom verbunden, den die späteren Griechen Okeanos nannten. Er war ein idealer Schiffahrtsweg zwischen Atlantis und Hyperborea.

Susanne, können Sie denn auch Angaben aus der Erdgeschichte machen? Welcher Kontinent war denn zum Beispiel früher besiedelt, Atlantis oder Hyperborea?

Während meiner Ferien auf Bimini hatte ich ganz starke Rückerinnerungen an mein Leben auf Atlantis. Ich war dort während meiner ziemlich langen Existenz auch als Wissenschaftler tätig. In unseren Überlieferungen war immer wieder von einem einzigen Urkontinent die Rede, einer gigantischen Insel in einem riesigen Ozean. Durch den Abkühlungsprozeß des Planeten kam es zu Spaltungen. Die einzelnen Landmassen trieben auseinander. Dieser Prozeß ist ja auch in der heutigen Zeit noch nicht abgeschlossen. Geologen wissen, daß zum Beispiel Europa und Nordamerika sich beständig voneinander entfernen. Unsere Klimaforscher sprechen von radikalen Veränderungen auf der Erde, die eine Folge des ökologischen Raubbaus der Menschen sind. Ich erinnere nur an das Ozonloch und den Treibhauseffekt in der Atmosphäre. Der Sommer 1988 war der bisher durchschnittlich wärmste in den letzten hundertfünfzig Jahren. Gletscher schmelzen, das Eis der Polregionen reduziert sich, und die Meere steigen an. Kinder, die jetzt geboren werden, erleben noch den Untergang von Hamburg, Bremen, London oder New York. Diese Metropolen werden einfach überschwemmt. Nichts steht still, alles verändert sich, um nicht zu sagen: Alles fließt.

Was Sie da sagen, klingt abgeklärt, ja, beinahe weise. Sind Sie überhaupt noch von dieser Welt, Susanne?

(Sie lacht) Aber ja. Doch ich bin geprägt von Erfahrungen, die ich nicht nur in diesem Leben gemacht habe. Mir sind auf fast wunderbare Weise gerade meine Erinnerungen an Atlantis lebendig, und jeden Tag erkenne ich neue Verbindungen unserer heutigen Welt mit den Strukturen von Atlantis.

Können Sie noch einige nennen?

Setzen Sie bitte voraus, daß ich Atlantis nicht nur aus den wenigen hundert Jahren kenne, die ich selbst dort verbracht habe. Mir ist auf eine fast mystische Weise die Geschichte von Atlantis bewußt. Sie ist in einem zeitlosen Raum aufgeschrieben und jederzeit abrufbar. Ich weiß, dies klingt phantastisch, aber es ist so. Vielleicht haben Sie schon einmal von der Akasha-Chronik der Asiaten gehört, die davon sprechen, daß die Erde ein Gedächtnis hat, in das alle Lebewesen ständig Informationen eingeben, die sie aber auch abrufen können. C.G.Jung spricht vom kollektiven Unbewußten, mit dem wir verbunden sind. Und Sheldrake nennt die morphogenetischen Felder. Es sind alles Begriffe für ein und dieselbe Sache. Ich weiß nicht genau, wie es funktioniert, ich weiß nur, daß es da ist. So wie man Informationen aus einem Computer abruft, so kann ich durch eine bestimmte Art der Meditation Einzelheiten aus Atlantis erfahren. Bitte bedenken Sie jedoch, daß Atlantis nach unserer Zeitrechnung hunderttausend Jahre existiert hat. Wenn man überlegt, wie viele Lebewesen in dieser Zeit in immer neuen gesellschaftlichen Strukturen verstrickt waren, hat man eigentlich nur die Wahl, einzelne kurze Szenen, gewissermaßen aus dem atlantidischen Alltag, abzurufen oder die großen geschichtlichen Linien zu verfolgen.

Wenn ich Sie richtig verstehe, können wir das Ganze mit einer Filmrolle vergleichen. Sie können jederzeit den Kinoprojektor anhalten, um sich eine Szene in Ruhe anzuschauen. Gleichzeitig kennen Sie aber den gesamten Inhalt des Films?

Dies ist ein schöner Vergleich. Nur kann ich die einzelnen Szenen des Films auf der Rolle nicht auswählen. Ich stoppe gewissermaßen die Vorführung und begnüge mich mit dem, was mir gerade angeboten wird.

Dies ist doch auch schon was. Also, Susanne, erzählen Sie mir den Inhalt des Films?

Dies ist genauso schwierig, als wenn ich Ihnen den Inhalt der Bibel erzählen sollte. Die Geschichte von Atlantis besteht aus vielen einzelnen Sequenzen, die miteinander verzahnt sind. So wie in unserer Geschichte der letzten zweitausend Jahre auch, baut ein Ereignis auf das andere auf. Es gibt Niederlagen und wunderbare Erfolge, Fehlschläge und Ereignisse von unbeschreiblicher Schönheit. Es ist eigentlich unzulässig, die Evolution eines so phantastischen Kontinents wie Atlantis in ein paar Sätzen zu beschreiben.

Versuchen Sie es trotzdem.

Auf Ihr Risiko. Die Idee zu Atlantis kommt aus dem Universum. Geist schuf Materie. Materie verdichtete sich und drängte das Leichte, Luftige immer mehr ab. Aus dem einstigen Garten Eden, dem schon geschilderten Urkontinent, spalteten sich Lemuria, Hyperborea und Atlantis ab. Das Leben auf dieser Welt war in der frühen Zeit anders

94

als heute. Dies lag an den damaligen Naturgesetzen wie zum Beispiel der geringeren Schwerkraft. Es lag an den klimatischen Bedingungen, aber vor allem an der geistigen Grundhaltung. Die Gesellschaftsstruktur veränderte sich, so wie die Menschen immer mehr an Festigkeit zunahmen. Hinter knöchernen Schädeldecken verhärtet sich das Individuum. Das Ego bildet sich. Die alten Kenntnisse von den Geheimnissen der Natur wurden mißbraucht, um die eigene Macht zu stabilisieren. Die letzten Jahrhunderte auf Atlantis glichen den letzten dreitausend Jahren unserer neueren Geschichte. So wie sich aus Hirtenvölkern funktionierende Stadtstaaten bildeten und schließlich ein Imperium entstehen konnte wie das Römische Reich, so war es auch auf Atlantis. Herrschersysteme etablierten sich, Kriege wurden geführt und die einst humane Technologie zum Töten verwendet. Kristalle, dieses eingefrorene Licht, wurden zu Instrumenten des Untergangs. Natürliche Vorräte wurden ausgebeutet, wirtschaftlicher Wachstum kannte keine Grenzen. Da kommen wir an jenen Punkt, wo wir die Endzeit von Atlantis mit unserer jetzigen Epoche vergleichen können. Endzeit.

Sind die damals handelnden Hauptpersonen dieses Endzeit-Epos jetzt wiedergeboren, um ihre Aufgabe aus der Vergangenheit diesmal besser zu bewältigen? Oder ist dies nur ein schönes Märchen?

Ich denke nicht. Dazu gibt es viel zu viele Hinweise auf Atlantis von viel zu vielen unterschiedlichen Personen, die sich nicht kennen, aber durch dieses unsichtbare Band der atlantidischen Inkarnation auf geistige Weise verbunden sind.

Was sind das für Menschen?

Nun, sie sind ja eingegrenzt durch die Geburtsjahrgänge zwischen 1939 und 1951, durch die Blutgruppe o und ihre Tätigkeit hauptsächlich in den Medien, in der Wissenschaft und der Politik. Bei »Amnesty International«, bei »Greenpeace«, den grünen Parteien und in fast allen Friedensorganisationen findet man diese Leute. Durch ihr starkes Engagement für eine humane Welt versuchen viele von ihnen – sicherlich unbewußt – eigene Fehler aus atlantidischer Existenz zu korrigieren.
Das karmische Gesetz lautet ja ganz einfach: Versuche es noch mal!

Gibt es denn auch Staatsmänner, die heute in ähnlichen Positionen sind wie damals auf Atlantis und vor identischen Entscheidungsproblemen stehen?

Ich hatte kürzlich einen sehr prägnanten Traum, in dem mir gesagt wurde, daß etwa vier Meter unterhalb der Spitze der Cheops-Pyramide eine Kammer sei, die demnächst geöffnet würde. Darin hätten die Atlantider eine Botschaft für kommende Generationen deponiert. Es klingt unglaublich, aber diese Botschaft bestand aus einem dreidimensionalen Porträt mit den Zügen des sowjetischen Parteichefs Michail Gorbatschow. Verfolgen Sie doch selbst einmal seine Biographie: der Aufstieg einer intelligenten und wohl auch fortgeschrittenen Wesenheit in höchste Ämter, seine für sowjetische Verhältnisse unorthodoxe Politik im Innern wie im Äußeren und seine Vitalität, wenn es darum geht, die Erde von ihrer atomaren Bedrohung zu befreien. Gorbatschow ist ein Atlantider, der durch seine Fehler zum Untergang dieses Kontinents beitrug. Diese Fehler will er diesmal vermeiden. Und noch etwas: Der Blutschwamm auf seiner Stirn ähnelt in seinen Umrissen den Konturen von Atlantis.

Eine galaktische Mission

Susanne und ihre Herkunft von den Plejaden

Susanne, so wie viele Aussagen zur Existenz von Atlantis recht unterschiedlich ausfallen, so gibt es auch verschiedene Berichte über das Ende dieses Kontinents. Wie war es nun wirklich?

Ich weiß es auch nicht genau. Es gibt ja kein Geschichtsbuch darüber. Einmal hatte ich eine Vision, daß es in der berühmten antiken Bibliothek von Alexandria mehrere hundert Schriftrollen über die Kultur von Atlantis gegeben haben soll. Sie stammten von ägyptischen Priestern, die ja direkte Nachfahren der Atlantider waren. Aber bei dem großen Brand wurden alle Aufzeichnungen vernichtet. Ich weiß nur bruchstückhaft etwas von einer großen Flutwelle, die den Kontinent überschwemmte. Den genauen Auslöser der Katastrophe kenne ich nicht. Ich denke aber, daß der physische Untergang des Kontinents weniger wichtig ist als die psychische Vernichtung unserer Welt, die durch eine langsame Bewußtseinsveränderung eingeleitet wurde. Besonders sensible Atlantider haben das recht früh erkannt. Davon zeugen regelrechte Auswanderungswellen. Unsere roten Schwestern und Brüder, die Tolteken, siedelten im späteren Amerika. Die Semiten gingen nach Vorderasien, die noch immer blauhäutigen ehemaligen Hyperboreer nach Indien. Noch jetzt werden ja dort heimische Götter wie Shiva und Krishna mit blauer Hautfarbe dargestellt. Die gelbhäutigen Turanier zog es nach Zentralasien, und die geistigen Führer schließlich machten sich nach Gobi auf, das damals noch keine Wüstenlandschaft war. Diese »Alten« sollen dort die Mysterienstätten Shamballah und Agartha gegründet haben. Dabei nutzten sie die technischen Möglichkeiten aus Atlantis, indem sie riesige unterirdische Höhlensysteme anlegten, um in der unwirtlichen Umwelt zu überleben. Ich habe Freunde, die mir glaubhaft versichern, daß Agartha und Shamballah noch heute existieren und der Hort für die wahren Meister dieser Erde sind, die auch Verantwortung für diesen Planeten tragen.

In diesem Fall würden sie sich außerordentlich zurückhaltend verhalten, beobachtet man das aktuelle Geschehen auf der Erde. Meister sollten doch auch Hüter sein.

Dies ist genau der Vorwurf, den man ihnen schon früher gemacht hat. Sie und alle anderen Auswanderer sind gewissermaßen vor ihrer Verantwortung geflohen. Sie hätten Unheil aufhalten können. Damit haben sie ihr Karma belastet. Auch ein Grund für die Wiederholung des Unterrichts.

Susanne, Sie sind überzeugt davon, im frühen Atlantis gelebt zu haben. Waren Sie damals wirklich schon ein Mensch?

Ja, wir waren Menschen, obwohl wir noch nicht so aussahen wie heute. Wir waren sehr groß, sehr schlank und geschmeidig und ohne festen Knochenbau. Wir waren Riesen. Wir verfügten über heute nicht vorstellbare Begabungen und sind - wenn ich das recht betrachte - auch die Vorbilder für die alten Sagen. Die Götter aus dem Olymp hat es wirklich gegeben. Sie sind keine Erfindung von Geschichtenerzählern.

Wie kam das Bewußtsein auf die Welt? Wie entstanden die Lemurier und Atlantider, und sind sie als unsere Vorfahren zu betrachten?

Das Leben kam und kommt auch heute noch aus dem Weltraum. In Asteroiden und Meteoren landen einfache Mikroben und Zellstrukturen auf dem Planeten, die sich unter günstigen Bedingungen entfalten und sich in die Evolutionskette einklinken. Durch Mutationen kommt es dann zu für die Erde typischen und auch einzigartigen Lebensformen. Die frühgeschichtlichen, vernunftbegabten Atlantider und Lemurier legten den Samen für das spätere Menschengeschlecht. Adam und Eva hat es wirklich gegeben. Sie entstanden durch Genmanipulationen einer interstellaren Existenzform, die ihre eigenen geistigen Vorstellungen mit einbrachte.

Wieder einmal klingen Ihre Aussagen wie Science-fiction auf der ganzen Linie. Wie kommen Sie zu diesen schier unglaublichen Aussagen?

Durch eigene Visionen. Gewissermaßen durch eine Rückbesinnung auf mich selbst.

Hat dies mit Ihren Erlebnissen auf Bimini zu tun?

In der Karibik haben amerikanische und britische Archäologen seit einigen Jahren große Tempelanlagen entdeckt, die teilweise nur einen Meter unter der Meeresoberfläche zu beobachten sind. Vor Bimini befindet sich ein gigantischer Tempel, der in seinem Grundriß maßstabsgetreu dem sagenumwobenen Tempel Salomons in Jerusalem gleicht. Der Amerikaner David Zink hatte Hin-

weise des Sehers Edgar Cayce ernst genommen, der 1940 das Auftauchen des westlichen Teils von Atlantis vor den Bimini-Inseln vorausgesagt hatte. Tatsächlich sahen im Sommer 1968 zwei Piloten vom Flugzeug aus nördlich der Insel Andros Mauerreste, die man seither die »Tempel-stätte« nennt. Die Anlagen sind inzwischen genau ver-messen worden, und es gibt auch gute Fotos von der Struktur der Mauern, Tore und Gebäude.

Wie kamen Sie denn auf die Idee, zu den Bimini-Inseln zu reisen? Touristisch sind diese Eilande doch kaum attraktiv?

Ich hatte über Jahre hinweg immer wieder Träume, in denen ich in einer fernen Zeit und in einer für mich unwirklichen Umgebung agierte. Ich konnte schweben, Blumen zum Blühen bringen und lebte in absoluter Har-monie. Wenn ich dann im Wachbewußtsein Bilder aus der Karibik sah, war ich angenehm berührt. Später habe ich mit einem Pendel über der Weltkarte den genauen Standort meiner Sehnsüchte lokalisiert. Es waren die Bimini-Inseln. Etwa zur gleichen Zeit bekam ich das Buch von Berlitz über das Atlantis-Rätsel in die Hände. Ich war fasziniert und las auch die Aussagen von Cayce über das Leben auf diesem Kontinent. Er lieferte in Trance detaillierte Informationen zu Medizin, Psycholo-gie und Rechtsprechung, behauptete, daß der Mensch schon seit zehn Millionen Jahren auf der Erde lebt, und schrieb von drei großen atlantidischen Katastrophen, die er genau datiert hat. Schließlich hat er ein *Katastrophen-Szenario* entworfen, in dem vom Kampf der »Söhne des

Vorhergehende Abb.: Die Vulkaninsel Lanzarote soll ein Frag-ment des untergegangenen Atlantis sein.

Gesetzes von One« gegen die »Söhne Belials« die Rede ist, also vom Zwist der »Söhne des Lichts« gegen die »Söhne der Dunkelheit«. Auch sexuelle Perversionen und Menschenopfer sollen vorgekommen sein. Ich muß allerdings sagen, daß ich aus meiner eigenen Erfahrung keine solchen Bilder kenne.

Waren denn Ihre Sehnsüchte ausschließlich auf Bimini konzentriert. Schließlich sagt man doch, daß auch andere Inseln Fragmente von Atlantis sind?

Sie haben recht. Mit meinen Eltern war ich einmal auf Gran Canaria. Obwohl diese Insel sehr touristisch ist, ging doch von ihrem Zentrum eine merkwürdige Faszination auf mich aus. Bei einem Ausflug stieß ich auf den Eingang einer Höhle, die sehr tief in den Berg hinein zu führen schien. In der Nacht träumte ich dann von unterirdischen Städten, die von einem hellhäutigen Volk bewohnt wurden. Später habe ich gelesen, daß die Ureinwohner der Kanarischen Inseln die Guantschen waren, Überlebende einer sintflutartigen Katastrophe. Sie lebten in runden Häusern unterhalb der Erde und glichen dem Cromagnon-Menschen, von dem ja Knochen gefunden worden sind, die sich 35000 Jahre zurückdatieren lassen. Seine Abbilder findet man auch in der Valltorta-Schlucht in Spanien. Die Zeichnungen dort sind nachweislich über zwölftausend Jahre alt.

Kann man diese Höhlenstädte von Gran Canaria denn noch heute besichtigen?

Nein, sie wurden von den Spaniern bei der Besetzung der Insel im fünfzehnten Jahrhundert zerstört. Aber in den Sagen der Kanaren ist von zehn Königen die Rede, die eine große Katastrophe überlebt haben. Sie herrschten nach den Geboten des Gottes Poseidon, nach Gesetzen, die auf einer Säule aus Bergerz aufgezeichnet waren. Ein solches Material ist heute nicht bekannt. Diese Säule soll im Poseidon-Tempel in der Mitte der Insel gestanden haben. Auch sagt man, daß die Guantschen ihre Toten mumifizierten, genau wie die Ägypter. Und auf den Inseln *Hierro* und *La Palma* soll eine bisher nicht identifizierte Keilschrift entdeckt worden sein, die den Hieroglyphen Ägyptens gleicht.

Geheimnisse über Geheimnisse. Haben Sie Hinweise darauf, Susanne, daß unsere klassische Archäologie in nächster Zeit handfeste Beweise zu Atlantis liefern kann?

Ich weiß es nicht. Irgendwann sah ich in meinen Träumen Städte aus dem Meer aufsteigen, die grau waren und voller Schlamm. Es waren eher grausige und freudlose Bilder. Ich hoffe nicht, daß sie einmal Wirklichkeit werden. Ich brauche solche steinernen Beweise nicht. Selbst wenn es sie gäbe, würden sie nichts über eine frühe irdische Kultur aussagen. Man würde sie einfach den Inkas, Azteken oder Mayas zuordnen. Atlantis ist als Gedankenstruktur, als geistiger Antipode zu unserer Zeit viel wichtiger.

Kommen wir jetzt zu dem Thema, das mir von Ihren Visionen und Träumen das wichtigste zu sein scheint: die Herkunft der Atlantider von den Plejaden.

Zuerst sollte ich einmal erklären, was die Plejaden astronomisch eigentlich darstellen. Wir finden sie im Sternbild des Stiers, vierhundert Lichtjahre von uns entfernt. Sieben dieser Sterne können wir bei besonders guten Voraussetzungen mit dem bloßen Auge erkennen, die anderen, etwa dreihundert restlichen Sterne sind nur mit Radioteleskopen und auf fotografischen Platten auszumachen. Wissenschaftler sprechen von einem »Sternenhaufen«, und ihr Name kommt aus der griechischen Mythologie. Danach waren sie die Töchter des Atlas – der ja vom Namen her mit Atlantis zu tun hat – und der Pleione und hießen Maja, Asterope, Taygeta, Alcyone, Celoeno, Electra und Merope. Wir kennen die Plejaden auch als das »Siebengestirn«, und diese Zahl hat ja immer schon etwas Magisches repräsentiert. In Polynesien nennt man das Sternbild »Die sieben kleinen Augen des Himmels«.

Wir sollten genau sein und sagen, daß diese Sterne natürlich riesige Sonnen sind; möglicherweise von Planeten umgeben. Wegen der großen interstellaren Entfernungen können solche Himmelskörper im Weltall bisher nur vermutet werden. Sie haben ja keine eigene Strahlung und sind deshalb von unserem irdischen Standpunkt aus nicht auszumachen. Bei dem Überangebot vermuteter Planeten wird es sicher auch solche mit einem geeigneten ökologischen System für organisches Leben geben.

Genau dies ist der Punkt. Die Plejaden sind so etwas wie eine *Oase des Lebens* und der *Fruchtbarkeit* in einem sonst leeren und schwarzen Weltall. Alle Sonnensysteme mit ihren Planetenringen im Umkreis von hunderttausend Lichtjahren um die Plejaden waren unbelebt. Allein die Plejaden-Sonnen schufen die Voraussetzung für die Entstehung geistiger und organischer Prozesse von einer solchen Vielfalt, wie wir sie uns kaum vorstellen können. Die Plejaden-Bewohner sind keine Außerirdischen, wie wir sie aus dem Kino kennen. Sie gleichen überhaupt nicht den Menschen, weil sie nämlich keine feste äußere Gestalt haben. Sie sind personifizierter Geist und verändern sich mit ihrem geistigen Wachstum. Hat eines dieser Wesen ein hohes Bewußtseinsfeld erreicht, wird es zum geistigen Lehrer anderer Geschöpfe. Durch diese sanfte Art der Evolution wurde dieses ganze riesige Gebiet der Plejaden zu einer umfassenden Bewußtseinsstruktur mit einem starken Schwingungsfeld, das sich im Weltall auszubreiten begann und schließlich auch den Planeten Erde erreichte.

Sie meinen also, daß die damalige Erdbevölkerung gewissermaßen einen intelligenten Schub von den Plejaden erhalten hat?

Bewußtseinserweiterung hat nicht unbedingt nur etwas mit Intelligenz zu tun. Aber es war so, wie Sie sagen. Diese – in hohem Maße vergeistigte – Kultur traf auf der Erde natürlich für ihre Verhältnisse relativ primitive Bedingungen an. Die Plejaden-Wesen hatten feinstoffliche Körper, sie verständigten sich telepathisch und konnten mit starker geistiger Energie Materie formen und beeinflussen. Sie veränderten das Land, bauten Städte und halfen gewissermaßen der Urbevölkerung, ihre Lebensaufgabe zu erkennen.

Gibt es Hinweise auf das Aussehen dieser Ur-Menschen?

Es waren humanoide Wesen, keine Affen. Sie waren auch nicht die Vorfahren der späteren Neandertaler oder des legendären Peking-Menschen. Sie hatten nichts mit den Primitiven zu tun, die wir aus den Museen kennen. Sie waren gewissermaßen aus den biologischen Strukturen entstanden, die eingefroren in Kometen und Meteoren die Erde erreichten. Auch sie waren Kinder des Kosmos.

Kam es denn zu Vermischungen zwischen diesen Urmenschen und den Plejaden-Besuchern, Liebesaffären zwischen Göttern und Erdentöchtern?

Es war so. Gehen wir davon aus, daß bekanntermaßen in allen Sagen und Mythen ein wahrer Kern steckt, so auch in den Göttergeschichten der Griechen, Römer und Germanen, wo es von solchen Verstrickungen zwischen den Himmelssöhnen und schönen Erdenfrauen nur so wimmelt. Sie haben ihren Ursprung in der Besiedlung dieser frühen Kontinente.

Haben die Plejadier die Erde irgendwann wieder verlassen?

Ja, aber sie haben natürlich den Grundstein ihrer Existenz hinterlassen. Wir alle sind damit Nachfahren dieses galaktischen Abenteuers. Es ist astronomisch sicher richtig, daß es allein in unserer Galaxie Millionen planetarischer Systeme mit ähnlich günstigen Lebensbedingungen gibt, wie sie unser Sonnensystem und gerade die Erde aufweisen. Auch wir werden eines Tages zu galaktischen Lehrmeistern, wenn das entsprechende Bewußtseinsniveau erreicht ist. Die frühen Atlantider waren feinstoffliche Wesen mit ausgeprägter geistiger Struktur, vereint in einem großen Bewußtseinsfeld. Daraus entwickelten sich materielle Formen, das Ego war geboren und damit die Individualität. Es gehört aber zum evolutionären Weg im Kosmos, daß sich aus der *Einheit* die *Vielfalt* entwickelt. Dieser Prozeß geht seinem Ende zu mit der Bevölkerungsexplosion auf diesem Planten. Es gibt schon einige leise Anzeichen dafür, daß wir uns von der Vielfalt in die Einheit entwickeln.

Geistige Lehrer sprechen von Expansions- und Kontrak-
tionszyklen, die eine bestimmte Lebensform auf dem Weg
zur Vollendung durchmachen muß. Damit entsteht sozusa-
gen ein Endprodukt, das sich äußerlich zwar wenig verän-
dert, aber ein höheres Bewußtsein erreicht hat.

Genauso ist es. Diese Beschreibung gilt nicht nur für die
Entwicklung einer planetaren Rasse, sie gilt für jeden einzelnen von uns. Wenn im Moment fünf Milliarden Menschen die Erde bewohnen, gibt es gleichzeitig fünf Milliarden verschiedene Bewußtseinsebenen. Geht man davon
aus, daß jeder Schmetterling ein Schmetterlingsbewußt-
sein, jeder Elefant ein Elefantenbewußtsein, jede Rose ein
Rosenbewußtsein und jeder Stein ein Steinbewußtsein
hat, so wird das Ganze noch komplizierter. Doch unsere
Wissenschaftler, vorwiegend auch junge Nobelpreisträger
aus den Sparten Biologie und Physik, haben längst
erkannt, daß es darüber hinaus ein globales Bewußtsein
gibt, ein Netzwerk, in dem alle diese Bewußtseinsstruktu-
ren miteinander verbunden sind.

Susanne, Sie haben ja vorhin den amerikanischen Kollegen,
den Archäologen Professor David Zink zitiert, der mit sei-
nen »Poseidia-Expeditionen« das Bimini-Rätsel entschlüs-
seln half und auch systematisch die Tempelreste auf dem
Meeresgrund untersuchte. Er bat zusätzlich zu seinen For-
schungen medial begabte amerikanische Studenten um
Hilfe, damit Herkunft und Bestimmung dieser Anlagen
erforscht werden konnten. Unabhängig voneinander haben
einige dieser jungen Frauen von den Plejaden als Quelle für
diese mysteriösen Kultstätten gesprochen. Carol Huffstick-
ler sagte dazu: »Die Plejaden waren Ausgangspunkt einer
nach außen drängenden, allumfassenden Liebe. Die

Bewohner der Plejaden waren Wesen von strahlendem Glanz und Licht, Botschafter guten Willens, die der Menschheit in schwierigen Entwicklungsphasen halfen, wenngleich uns auch von Zeit zu Zeit Wesen aus anderen Bereichen der Milchstraße besucht haben.« Dies wäre ein weiterer Hinweis auf die äußerst vielfältige Beeinflussung des Lebens auf der Erde.

Auch wenn viele Wissenschaftler dies als Spinnerei abtun, können wir davon ausgehen, daß sich Leben auf diesem Planeten nicht autark und abgekapselt von jeder Art kosmischer Nachbarschaft entwickelt hat. Wenn es uns eines Tages gelingen sollte, mit Raumschiffen interstellare Distanzen zu überwinden und Planeten mit einer Ökosphäre zu erreichen, werden wir staunen, wie bekannt uns da manche Lebensformen vorkommen. Es gibt ja heute Menschen, die ihren Körper verlassen können, um sogenannte Astralreisen zu machen. Sie erreichen dabei mühelos fremde Planeten, meinen aber, auf der Erde gewesen zu sein, weil alles so schön irdisch war. Ich meine, daß wir einen Punkt in unserer Evolution erreichen, wo wir keine Raumschiffe bauen müssen, um in das Weltall zu reisen. Wir werden uns ähnlicher Methoden bedienen, wie die Plejaden-Wesen sie beherrschten: geistiger Transformationen.

Bei den Recherchen zu diesem Buch habe ich schon die tollsten Geschichten gehört. Die Plejaden-Theorie ist mit die phantastischste.

Ich muß es noch einmal betonen. Es ist keine Theorie, sondern entspringt Visionen, die ich sowohl auf den Bimini-Inseln hatte als auch während meiner Rückführungen. Der sizilianische Geschichtsschreiber Diodor erklärte die Plejaden als einen Hort der Götter und Helden, die die ersten Ahnen des größten Teils der Rasse menschlicher Wesen wurden. Die griechischen Tempel sind so konstruiert, daß sie zum Auf- und Untergang der Plejaden weisen. Schon 1881 hat der Historiker Haliburton Überlieferungen der Sumerer und Phönizier zitiert, für die der Stern Alcyone der Plejaden der Mittelpunkt des Universums war. Sie sprachen dabei sogar von der »Urheimat der menschlichen Rasse und der Wohnung der Götter«. In Griechenland gab es einen Acht-Jahre-Zyklus, der durch das Erscheinen der Plejaden bestimmt wurde und nach dem die Feste in Orakelstätten von Delphi, Theben und Kreta ausgerichtet wurden. Apoll war kein Sonnengott, wie man später annahm, sondern ein göttlicher Sohn der Plejaden, dem man den »siebenten Tag« weihte. Er ist uns ja noch heute als Ruhetag heilig. Also auch hier immer wieder die Sieben als magische Zahl, der Hinweis auf das »Siebengestirn«. Ich könnte Ihnen ähnliche Parallelen auch aus anderen Überlieferungen nennen, wie zum Beispiel aus dem »Popul Vuh«, der Schöpfungsgeschichte der Mayas, nach der vierhundert Göttersöhne zu den Plejaden zurückgekehrt sein sollen, nachdem sie erschöpft von ihrer irdischen Aufgabe waren. Hinweise auf die Plejaden finden wir in den überdimensionalen Zeichnungen auf der Ebene von Nazca in Peru und bei fast allen megalithischen Bauten in Europa. Das südafrikanische Hottentottenvolk feiert seinen höchsten Feiertag zu Ehren eines Gottes, wenn die Plejaden am nächtlichen Horizont erscheinen. Nicht zu vergessen die geheimnisvollen riesigen Steinfiguren auf den Osterinseln, die alle in Richtung Plejaden blicken.

Sie sind gut informiert. Kann ich davon ausgehen, daß Atlantis und Ihre mögliche Inkarnation dort vor langer Zeit Ihre Tage und Nächte total ausfüllt?

Nein, aber es gibt doch nichts Schöneres, als von einer ewigen und damit zeitlosen Existenz überzeugt zu sein.

Das Geheimnis der Kristalle

Dr. Frank Alper und sein Kanal zum Kosmos

Selten habe ich einen Menschen kennengelernt, der kontaktfreudiger gewesen ist als dieser Dr. Frank Alper aus Arizona. Ist es die lässig-amerikanische Art, die ihn so sympathisch macht, oder die Tatsache, daß er schon ein bißchen abgehoben und bisweilen irgendwo zwischen Alpha Centauri und der Großen Magellanschen Wolke zu Hause ist? Der »gute jüdische Junge«, wie er sich selbst nennt, ist den Weg vom Saulus zum Paulus gegangen, wenn es den in der Esoterik überhaupt gibt. Als erfolgreicher Geschäftsmann in New York hat er eines Tages gemerkt, daß Streß, Hetze und ein gefülltes Bankkonto nicht alles sein können. Frank zog sich zurück in die friedliche Stimmung von Arizona und begann zu meditieren.

»Nach einer Reihe von Einweihungen erreichte ich 1975 einen Zustand der Bewußtheit, der mir den ständigen Zugang zu meinem höheren Selbst eröffnete, meiner Seele, die sich ›Adamis‹ nennt«, erzählt Dr. Alper.

Mit Hilfe von »Adamis« *channelte* er in vielen Sitzungen faszinierende Informationen über das versunkene Inselreich von Atlantis und das Kristallwissen seiner Bewohner. »Channelling« ist das Modewort für eine bestimmte Art der geistigen Versenkung, in der »Wesenheiten aus höheren Sphären« aus dem Mund von Erdenmenschen sprechen sollen.* Mittlerweile gibt es auf der ganzen Welt

---

* Siehe Knaur-Taschenbuch Nr. 1770 »Botschaften aus einer anderen Dimension« von Rainer Holbe.

solche Medien, deren Stars sich im Sommer 1988 im oberbayerischen Murnau zur ersten Konferenz zum Thema »Kanal zum Kosmos« getroffen haben.

In dem dort mit Dr. Frank Alper geführten Gespräch geht es hauptsächlich um jene geheimnisvollen Kristalle, von denen zahlreiche Atlantis-Medien berichten.

Edelsteine und Kristalle sind nicht nur begehrte Meditationsobjekte, sie werden auch zum Heilen und Ruhigstellen der Psyche verwendet. Das »Kristall-Healing-Center« in Ovelgönne-Strückhausen veranstaltet regelmäßig Gruppenmeditationen mit Kristallen, und das »Institut für Ayur-Veda-Edelsteintherapie e.V.« in Neustetten-Remmingsheim lehrt über die Edelsteintherapie den heilenden Umgang mit diesen Mineralien, die als »ein Geschenk des Universums an die Menschheit« gelten.

»Sie erscheinen im Leben eines Menschen plötzlich und zu verschiedenen Zeiten. Manchmal verschwinden sie auch wieder auf mysteriöse Weise, um anderen bei ihrer spirituellen Entwicklung zu helfen«, sagen Kristall-Experten.

Quarz-Kristalle, die auch in der Computer-Industrie verwendet werden, sollen sowohl Informationen als auch Gefühle speichern können. Ein Kristall programmiert gewissermaßen die Gedankenstrukturen eines vor ihm meditierenden Menschen, um sie jederzeit wieder abzustrahlen, wenn sie benötigt werden.

Einige Kristalle repräsentieren die Konstruktion von Sternensystemen und Galaxien und damit die Philosophie, daß es Welten in Welten gibt und die Schöpfung *grenzenlos* und *unfaßbar* ist.

Jeder Kristall ist unverwechselbar und gleicht damit dem individuellen Leben, das in jeder einzelnen Struktur, ob als Mensch, Tier, Pflanze oder Mineral einzigartig und

Dr. Frank Alper aus Arizona (USA) behauptet, ein »Kanal zum Kosmos« zu sein. In dieser Eigenschaft will er seine Informationen über atlantidische Kristalle erhalten haben.

unzerstörbar ist. Auch sonst symbolisieren Kristalle die universelle Evolution: Sie wachsen im Inneren der Welt, bilden in Äonen Dichte und Masse und entwickeln sich hin zur Spitze, die im Nichts endet.

Besonders die sechs Seiten des Bergkristalls versinnbildlichen die sechs Chakras des Menschen. Die Spitze stellt das Scheitelchakra dar, den Punkt, der jede Wesenheit mit dem Unendlichen verbindet.

Alper sagt, daß jeder Mensch selbst zum Kristall werden kann, indem er sein Bewußtsein erweitert und blockierte Energie freisetzt. Während dies geschieht, würde er »zu einem Kanal, durch den universelle Lebensenergie strömt«.

In ihren medial empfangenen Botschaften, die unter dem Titel »Kristall-Energien«* veröffentlicht sind, warnt die Heilerin Christa Faye Burka allerdings auch vor dem Mißbrauch der Kristalle, der in Atlantis zur kontinentalen Katastrophe geführt haben soll.

»Obwohl man Kristallenergie nicht sehen und häufig auch nicht fühlen kann, ist sie dennoch eine Macht, die auf vielen Ebenen Störungen, Zerstörung und Unausgeglichenheit verursacht, wenn sie nicht sehr vorsichtig von sensitiven Menschen genutzt wird, die sich der Qualität dieser Energie bewußt sind«, sagt Christa Faye Burka.

Bei richtiger Anwendung jedoch leiten Kristalle Heilungsprozesse sowohl im psychischen als auch im physischen Bereich ein, indem sie die gestörte Harmonie ausbalancieren und innere Blockaden lösen.

Christa Faye Burka: »Im Universum gibt es einen Punkt, wo die Kristallenergie ihren Ursprung hat. Damit ist kein physischer Ort, sondern eher eine energetische Stelle gemeint. Von hier aus manifestiert sich diese Energie auf der Erde in Form von Kristall.«

Kristalle, im Schlafzimmer aufbewahrt, verhelfen zu besonders ausdrucksvollen Träumen, im Arbeitszimmer dienen sie der Konzentration und Inspiration. »Das Kristall funktioniert ähnlich wie das menschliche Gehirn«, sagt Frau Faye Burka. »Beide empfangen aus dem Universum Impulse. Weder das eine noch das andere besitzt allerdings die Fähigkeit, selbständig zu funktionieren.«

---

* Erschienen im Peter-Erd-Verlag, München.

Dr. Alper, Sie haben ein dreibändiges Werk verfaßt mit dem Titel »Exporing Atlantis«. Sie sagen, daß eine Wesenheit namens »Adamis« durch Sie gesprochen und Ihnen wichtige Informationen über diesen Inselkontinent gegeben hat. Warum sprechen heute so viele Menschen von Atlantis?

Wir sind im Übergang vom Fische-Zeitalter in die zweitausendjährige Epoche des »Wassermanns«. Und dies ist auch das Zeitalter von Atlantis. Viele von uns sind Seelen, die in Atlantis inkarniert waren und jetzt wiedergeboren wurden, um eine unvollendete Aufgabe zu erledigen. Vor etwa siebenhunderttausend Jahren gab es in einem anderen Sonnensystem einen Planeten namens »Atlantis«. Er war von Wesen bewohnt, die ein hochentwickeltes Bewußtsein hatten. Sie waren fast durchsichtig. Dieser Planet muß im Laufe seiner Existenz viel von seiner Energie und seiner Ökosphäre verloren haben und damit als Aufenthaltsort für seine Bewohner unbrauchbar geworden sein. Und so sahen sich diese Wesen nach einem Planeten um, wo sie sich inkarnieren und weiter an der Entwicklung der kosmischen Idee arbeiten konnten. Sie suchten nach einem relativ jungen Planeten mit ähnlichen Schwingungsfeldern und kamen so auf die Erde. Sie nannten diesen Planeten »Alta«, der »Erleuchtete«. Und sie begannen zu arbeiten. Die Erde war reif für diese fremde Energie, bereit für landwirtschaftliche Kulturen und eine technische Entwicklung.

Kann man denn heute geographisch nachvollziehen, wo dieses Atlantis gelegen hat?

Den Überlieferungen nach erstreckte sich dieser Kontinent von der Ostküste der heutigen Vereinigten Staaten bis nach Europa, etwa in die Ägäis. Damit haben alle recht, die in der Insel Santorin, in Helgoland, den Bimini-Inseln und den Kanaren Fragmente von Atlantis erkennen wollen. Die Weltkarte sah in dieser frühen Zeit eben ganz anders aus. Atlantis hatte noch einen Zwillingskontinent, genannt Lemuria, der von Südkalifornien westwärts bis nach Asien und südlich von Neuseeland reichte. Die Inseln von Hawaii gelten als die höchsten Gipfel dieses versunkenen Kontinents. Alles, was damals in Atlantis geschehen ist, wiederholt sich heute in unserer Zivilisation. Wir hatten Kriege, wir haben versucht, Experimente mit tierischem und menschlichem Leben zu machen. Atlantis war nicht Utopia, ein Paradies. Wir haben Fehler gemacht. Und viele von uns sind sich schon bewußt, daß sie einmal in Atlantis lebten. Es ist unser jetziger Lernprozeß, die Fehler von damals zu vermeiden, so daß die Welt sich vereint.

Sind denn alle heutigen Menschen ehemalige Atlantider?

In meinen Durchgaben habe ich die Information erhalten, daß es 144000 Seelen sind – die sogenannten »Alten von Atlantis« – die zu dieser Jahrtausendwende reinkarnierten. Auch einige Ihrer Leser haben diese Vergangenheit. An sie ist meine Botschaft gerichtet. Atlantis ist aufgestiegen aus den Fluten, aber wir brauchen zum Beweis nicht einen Kontinent voller Schlamm und zerstörter Tempel, sondern das kosmische Bewußtsein, daß wir mit unserer Erde und unserem Leben hier eingebettet sind in die Liebe des Weltalls. Wir werden lernen, daß die Energie sich nicht so schnell bewegt wie das Licht, sondern daß sie beeinflußt wird von unseren Gedanken. Wenn wir uns unserer einzigartigen Stellung im Kosmos bewußt werden, die Erde als ein lebendiges Wesen erkennen und verbunden sind mit allem Leben, werden wir eine Einheit bilden mit unseren Brüdern und Schwestern nicht nur auf diesem Planeten, sondern in allen Galaxien des Universums. Es wird keine Kriege mehr geben und keinen Hunger, denn wir werden gelernt haben, mit unseren Gedanken Materie zu erschaffen.

Welche Rolle spielten Sie denn selbst in Atlantis und wie sehen Sie Ihre Position jetzt?

Ich hatte in Atlantis mit Materie zu tun, mit Macht. Und so wurde ich denn auch in meinem jetzigen Leben ein ziemlich erfolgreicher Geschäftsmann in New York. Bis ich begriff, daß dieses extrovertierte Leben eine innere Unzufriedenheit zur Folge hatte. Ich las viel über Metaphysik und zog mich in eine einsame Gegend nach Arizona zurück. Dort habe ich meine Aufgabe begriffen. Ich lehre die Menschen zu erkennen, wer sie *wirklich* sind. Wir sind der Samen Gottes auf dieser Erde. Wir müssen dafür sorgen, daß unsere Kinder in einem offenen Geisteszustand aufwachsen, daß sie schon von klein auf begreifen, welche Bedeutung sie für diese Welt und für das Leben haben. Manche Menschen erfahren das nie und müssen in einem *späteren Leben* die Klasse einfach noch mal *wiederholen*. Deshalb sollten wir unser Wissen so schnell wie möglich weitergeben. Es gibt Dinge aus Atlantis, die uns dabei helfen und unser Gemüt erhellen. Das sind die Kristalle.

Im Zusammenhang mit Atlantis ist natürlich auch immer wieder von Kristallen die Rede. Mittlerweile gibt es viele Bücher über das Geheimnis der Kristalle, und in Seminaren wird gelehrt, wie man damit heilen kann. Welche Bedeutung hatten denn diese Steine in Atlantis?

Kristalle sind wundervolle Spielzeuge. Ich nenne sie die Felsen des Neuen Zeitalters. Ich brauche ein wenig Zeit, um Ihnen zu sagen, wie damals auf Atlantis Kristalle verwendet wurden. Vor achthunderttausend Jahren kam es zur ersten kosmischen Katastrophe. Ein Komet prallte auf die Erde, und die frühen Atlantider, die diese totalen planetaren Veränderungen überlebten, waren gezwungen, unter die Erde zu gehen. Sie waren Meister des Tunnelbaus und installierten unter dem Meeresboden ihre Kristalle. Einige von ihnen waren sehr groß und wurden *Feuerkristalle* genannt. Sie sind etwa sechs Meter hoch und haben einen Durchmesser von 1,80 Meter. Sie wurden in einer dreieckigen Form installiert und mit Kupferdrähten verbunden, die ihre Energie ableiteten. Wir werden ähnliche Systeme in der Zukunft konstruieren, um diese machtvolle umweltfreundliche Energie für unsere Gesellschaft zu nutzen. Der Grund, warum wir noch nicht auf diese Form gestoßen sind, ist sehr einfach. Eine solche gigantische Energie kann natürlich auch für kriegerische Zwecke mißbraucht werden, so wie die Kernkraft. Aber wenn die Zeit kommt, da die Menschen nicht mehr darauf pochen, Katholiken, Protestanten, Juden, Weiße oder Schwarze sein zu wollen, sondern sich als Kinder des Kosmos empfinden, werden wir die Energie der *Feuerkristalle* entdecken. Und diese Zeit wird kommen.

Kristalle sind physikalisch gesehen sogenannte Festkörper, deren Bausteine – also Atome, Moleküle und Ionen – zu einem sogenannten räumlichen Kristallgitter angeordnet sind. Wie sind Kristalle in Atlantis entstanden?

In Atlantis haben sie Kristalle durch reine Gedankenkraft erzeugt. Sie schufen die schönsten Farben und Formen.

und sie benutzten diese Kristalle, um die Organe des Körpers zu heilen, aber auch um Geist und Seele wieder in Harmonie zu bringen. Sie nutzten die Kristalle auch zum Lernen, denn sie können Wissen speichern. Und letztendlich konnten die Atlantider über die Kristalle mit dem intelligenten Universum in Kontakt treten. Aber warum tauchen die Kristalle in unserem heutigen Bewußtsein wieder auf? Weil wir wieder einmal auf einer Stufe der Evolution stehen, wo wir mit diesem Wissen umgehen können, das eigentlich immer vorhanden war. Es gibt Menschen, die auch in unserer Zeit keinen Zugang zur Magie der Kristalle finden, weil sie in atlantidischer Zeit deren Macht mißbraucht haben. Jeder unserer Leser sollte in diesem Moment sein Verhältnis zu Kristallen intuitiv überprüfen. Denken Sie einfach einmal an einen Kristall, stellen Sie sich seine Form vor, und lassen Sie den ersten Eindruck, den Sie jetzt haben, einfach auf sich wirken. Er enthält die richtige Antwort.

Was hat ein möglicherweise früheres Leben auf Atlantis mit unserer heutigen Existenz zu tun?

Frühe Taten und ihre Folgen sind nicht dazu da, in unserem jetzigen Dasein umgangen zu werden. Man muß sich ihnen stellen und aus den Erfahrungen lernen, damit man geheilt wird. Wenn jemand das Gefühl hat, die Wirkung der Kristalle mißbraucht zu haben, sollte er sich trotz einer möglicherweise inneren Abwehr heute mit den Kristallen beschäftigen, um sie zum Heil, zum Heilen einzusetzen. Es ist niemals der Wunsch Gottes, eines seiner Kinder zu bestrafen. Wir sollen lernen und geheilt werden. Daran sollten wir uns immer erinnern. Der Sinn unseres Lebens ist, Freude zu empfinden. Haben Sie heute schon einem Menschen zugelächelt, ihm etwas Nettes gesagt, ein kleines Geschenk gemacht oder einen Geburtstagsgruß verschickt? Außerdem sollen wir uns mehr berühren, liebevoll zueinander sein. Vielleicht klingt dies naiv, aber denken Sie bitte an die grandiose Macht unserer Gedanken und daß es an uns liegt, ob wir Krieg oder Frieden haben. Mit uns und mit den anderen. Sie müssen wissen, daß ich ein netter jüdischer Junge bin, der hier nach Deutschland gekommen ist nicht in Angst, sondern in Liebe.

Wie ist denn Ihre ganz persönliche Beziehung zu den Kristallen?

Ich begann mich vor etwa neun Jahren mit ihnen zu befassen. Die kosmischen Meister, die durch mich sprechen, gaben mir viele Informationen über Kristalle. Einer dieser Meister nennt sich »Die Stärke von Atlantis«. Als ich mir auf seinen Rat hin verschiedene Kristalle zulegte, hatte ich plötzlich ein wundervolles Spielzeug in der Hand, schön und klar. Und dann erhielt ich gewissermaßen eine Gebrauchsanweisung, wie man diese Kristalle zur Heilung verwendet. Ich lernte, daß unser universelles Muster nicht durch Ton oder Licht übertragen wird, sondern durch Geometrie. Die Vervollkommnung wird durch das Dreieck symbolisiert. Jeder von uns ist eine »Dreieinigkeit«. Wir haben einen Körper, eine Seele und einen Geist. Und wenn wir mit Kristallen heilen, legen wir sie in verschiedenen Dreiecks-Formen auf das erkrankte Organ. Wir erzeugen damit ein magnetisches Energiefeld, das sich wundervoll anfühlt. Jeder Teil unseres Körpers hat ein polarisiertes magnetisches Energiefeld, das wir Aura nennen und das uns gesund erhält.

Wenn wir durch falsches Handeln oder falsche Gedanken die Harmonie unserer Seele stören, aktivieren wir unser Immunsystem. Diese Störungen führen dazu, daß wir auch die Symmetrie unserer Chakras (vermutete Energie-zentren unseres Körpers. d. Red.) aus dem Gleichgewicht bringen. Wir werden krank.

Und wir können jetzt tatsächlich durch eine bestimmte Form des »Kristall-Auflegens« wieder gesund werden?

Ja, wir müssen die Kristalle wie gesagt in einer Dreiecks-form auf das betroffene Organ legen, dem dadurch wie-der Energie zugeführt wird. Und dann haben wir die Chance, geheilt zu werden. Kristalle kurieren nicht, sie heilen. Ob Sie geheilt werden, ist eine Sache zwischen Ihnen und Gott. Ich bin ein Heiler, aber Sie sind genauso ein Heiler. Wir alle sind es. Wir alle sind Teil der göttli-chen Idee.

Dr. Alpers, sind Sie denn hinter das Geheimnis der Kristalle gekommen?

Alle Kristalle haben sechs Facetten, an der Seite und an der Spitze. Und welch ein Zufall – es entsteht die Zahl Zwölf. Jesus hatte zwölf Jünger, zwölf Sternzeichen hat das astrologische Jahr, zwölf Weltenjahre hat dieser Pla-net. Zwölf Stunden hat der Tag, zwölf Stunden hat die Nacht. Es ist die Zahl der Vervollkommnung. In der Bibel heißt es, daß Gott die Erde in sechs Tagen erschuf. Viel-leicht hatte nicht jeder Tag vierundzwanzig Stunden, son-dern vierundzwanzig Energiemuster. Auch die Kristalle von Schneeflocken haben sechs Seiten. Jede dieser sechs Seiten symbolisiert einen Tag der Schöpfungsgeschichte und ein bestimmtes Energiemuster. An der Spitze des Kristalls gibt es noch einmal sechs Facetten, die ein karmisches Prinzip darstellen: Aktion und Reaktion, Ursache und Wirkung. Wenn ich zwei Dreiecke aus Kristallen lege, dann verbinde ich mich mit der Erde. Die Energie zwischen mir und dem Planeten kann frei fließen. Plötzlich kommen Bilder auf mich zu aus frühen Zeiten; Szenen aus Leben, die ich einmal geführt habe. Und das Wissen um mich und meine universelle Persönlichkeit wird größer. Ich spüre direkt, wie meine Seele wächst.

Es heißt ja auch, daß Kristalle Informationen über Jahrtausende speichern können. Wohl nicht von ungefähr werden diese Mineralien bei der Computerherstellung verwendet.

Ja, es gibt Kristalle, die Informationen von vergangenen Zivilisationen speichern. Wir nennen diese Kristalle die »Hüter des Wissens«. Viele von ihnen haben so ein kleines Fenster an der Seite, meistens in Dreiecksform. Und wenn Sie meditieren, dann nehmen Sie den Kristall in die Hand und halten einen Finger auf dieses Fenster. Und dann achten Sie nur noch auf die Bilder und Gefühle, die in Ihnen aufsteigen. Gehen Sie davon aus, daß jeder Kristall Informationen von Atlantis enthält.

Dies klingt mir sehr phantastisch. Hat dieser Informationsspeicher nicht doch etwas mit der Größe des Kristalls zu tun?

Sie haben recht. Je größer der Kristall, desto größer der Inhalt der Informationen. Aber Sie können davon ausgehen, daß alle Kristalle, die mehr als fünf Pfund wiegen, eine Art atlantisches Kaleidoskop enthalten, in dem Sie die Geschichte dieses Kontinents erfühlen können. Es sind Zeitkapseln, die natürlich nur bestimmten Menschen zugänglich sind. Aber probieren Sie es ruhig aus, vielleicht sind Sie ja ein alter Atlantider.

Dazu müßte ich erst einmal die richtigen Kristalle haben.

Ich weiß, wo einige von ihnen zu finden sind. Da gibt es welche, die sind auf der Spitze der Cheops-Pyramide plaziert. Andere wiederum sind unter der Sphinx, etwa in sechzig Metern Tiefe vergraben. Und andere sind in bestimmten Regionen des Himalaya und in den Anden. Ich kenne viele Menschen, die intensiv nach diesen Kristallen suchen, aber wie ich schon sagte, die Zeit ist noch nicht gekommen. Wir könnten die Cheops-Pyramide in Stücke schlagen, doch wir würden keinen Kristall finden. Sie sind transformiert in ätherische Energie. Erst wenn die Zeit reif ist, werden sich diese Mineralien materialisieren. Wir können aber schon jetzt unsere Gedanken zu einem Strahl bündeln und sie diesen Kristallen senden.

Dies klingt mir ja sehr nach Science-fiction. Geht Ihnen nicht bisweilen bei diesem Thema die Phantasie durch?

Sie können dieses von mir geschilderte Verfahren mit jedem Kristall ausprobieren. Konzentrieren Sie sich auf Ihren Stein, schicken Sie ihm Bilder, und geben Sie ihn dann einer sensitiven Person in die Hand. Sie wird genau die Bilder und Gefühle erspüren, die Sie eingegeben haben. Es ist ein gutes Training für unsere telepathischen Begabungen. In Atlantis gab es keine Schule in unserem Sinne. Während einer bestimmten Epoche saßen Kinder bis zu sechzehn Jahren mit Kopfhörern vor Computern, die mit Kristalltechnologie betrieben wurden. In wenigen

Jahren hatten die jungen Leute das gesamte Wissen ihrer Zeit aufgenommen. Wir werden diese Methode auch in der Zukunft anwenden können. In den heutigen Schulen und auf den Universitäten werden oft Dinge gelehrt, die reiner Wissensstoff sind und mit denen die Menschen später nicht viel anfangen können. Das *Wesentliche* aber wird nicht vermittelt. Doch schon heute könnte mit bestimmten Techniken müheloser und leichter gelernt werden, zum Beispiel in Trance, wenn das Gehirn im Alpha-Rhythmus ist.

Es wäre sicher schön, wenn unsere Lehrinstitute mehr der Humanität verpflichtet wären. Lernen kann ja auch Spaß machen.

Es gibt eine alte atlantidische Methode, die auch in unsere Zeit paßt: Hinsetzen, still sein und sich *öffnen.* Unser Universum ist durchzogen von einem kristallinen Netzwerk, in dem beständig Informationen fließen. Wir können uns in jeder Sekunde anschließen. Dort, wo sich die Linien dieser magnetischen Felder kreuzen, sind Energiezentren. Die Botschaften, die wir durch das »Channelling« erreichen, werden in diesem Netzwerk transportiert. Der Meister, der auf diese Weise zu uns spricht, kann in diesem Moment auf irgendeinem kleinen Planeten in einer fernen Galaxie an einem Fluß sitzen und angeln. Entfernungen spielen da ja keine Rolle. Auch die Lichtgeschwindigkeit ist keine absolute Grenze. Und damit wir eines Tages dieses Kristallsystem in seiner ganzen Vollkommenheit benutzen können, müssen wir selbst zu Kristallen werden.

Dr. Alper, dies bedeutet doch wohl, daß wir dieses Eins-Sein üben müssen; die Verbundenheit mit allen Erscheinungen

*des Universums. Physiker sprechen in diesem Zusammen-
hang von einem holistischen Weltbild.*

Ja, es lohnt sich zu trainieren. Es gibt bestimmte Formen
der inneren Einkehr, die uns weiterbringen. Wir brauchen
weniger Schlaf, wir bekommen mehr Energie und bleiben
jung für viele Jahre. Wir »resonieren«, werden eine
Stimmgabel für alle Schwingungen des Universums. Wir
werden uns ohnehin im Wassermann-Zeitalter mit unseren physischen Körpern wieder hin zu Atlantis entwik-
keln, leichter und durchsichtiger werden, unsere Ernährung verändern, mehr Obst und Gemüse essen und
Nahrungsmittel, die eine bessere Schwingung repräsentieren. Die nächsten Jahrhunderte sind die Epoche der
Kommunikation. Dabei werden wir natürlich unterstützt
durch die Satelliten am Himmel und unsere immer per-
fekteren Computersysteme, in denen ja auch Kristalle
verarbeitet sind. Der Geist wird triumphieren über die
Sterblichkeit des Körpers. Für die kommenden Generationen wird die Erde ein Planet sein mit Menschen, die
anderen Wesen in einer niederen Schwingungsebene bei
ihrer Entwicklung helfen. So wie wir in dieser Zeit immer
wieder Inspirationen erhalten, wenn wir sie nur wollen
und bereit dafür sind.

Die Magie der Rufungen

Dr. Siegfried Hermerding und die mystische Fotografie

Kredite und Konkurse, Aktien und Devisen, Gold und Geld waren ein halbes Leben lang die Welt des Hannoveraner Bankkaufmanns Dr. Siegfried Hermerding, der jetzt fünfundsechzig Jahre alt ist. Die vorzeitige Pensionierung gestattete es ihm, seiner eigentlichen Leidenschaft zu fröhnen – der Philosophie. In diesem Fach hat er einst promoviert, wobei er sich schon damals Politik und Soziologie als Nebenfächer aussuchte. Mittlerweile ist er Magister und hat einen Lehrauftrag an einer niederländischen privaten Hochschule.

Seine wissenschaftliche Grundausbildung verlangt präzises Forschen und akribisches Recherchieren. Jahre bei den Rosenkreuzern haben ihn in seinem Hang zur Mystik bestärkt. Er ist sowohl ein profunder Kenner nicht-christlicher Religionsformen als auch ein Experte der abendländischen Mythologie.

Interesse an Atlantis wurde durch den Kauf eines Grundstückes an der portugiesischen Algarve geweckt. Dort, im Hochtal des Cruz da Assumada, vermutet er eine atlantidische Mysterienstätte. Archäologische Erkundigungen sowie die von ihm entdeckte »mystische Fotografie« brachten erstaunliche Ergebnisse. Hermerding fand heraus, daß Fragmente alter megalithischer Bauten sowohl an der Algarve, als auch bei den Externsteinen sowie am Klusfelsen im Harz *Rufanlagen* enthalten, die durch menschliche Laute in bestimmte Schwingungen geraten. Diese Energie scheint das Erscheinen von Lichtwesen zu

Dr. Siegfried Hermerding aus Hannover hat in einem Hochtal der portugiesischen Algarve alte Mysterienstätten der Atlantider entdeckt.

begünstigen, die wiederum auf Fotografien festgehalten werden können.

Das folgende Gespräch mit Dr. Siegfried Hermerding wurde ergänzt durch Zitate aus seinen drei umfangreichen Dossiers. (Siehe auch Bibliographie auf der letzten Seite. d. Red.)

Herr Dr. Hermerding, was war denn der Auslöser für Ihre Atlantis-Forschungen?

Vor einigen Jahren besichtigte ich mit meiner Frau Lisa ein Grundstück am Cruz da Assumada, einem Hochtal an der portugiesischen Algarve nördlich der Stadt Loulè. Es war ein regnerischer Tag, und meine Frau hatte eine Augenentzündung, die durch Flugsand hervorgerufen war. Es mag sein, daß sie in diesen Momenten also mehr nach innen gekehrt war, denn sie bestand spontan darauf, das Gelände zu kaufen. Sie hielt diese Cruz da Assumada für eine alte Mysterienstätte der Atlantider. Unser Grundstück hatte damals kein Wasser und keinen Stromanschluß, trotzdem wollte es meine Frau haben, weil da einmal »etwas gewesen sein müsse«. Wir haben dort dann unser Haus im Algarve-Stil gebaut. Wir stellten hier ungewöhnliche Energiekonzentrationen fest, und es scheint so zu sein, daß dieses Tal von Menschenhand gestaltet wurde. Man sagte uns, daß hier ein Steinbruch gewesen sei. Das Hochtal sieht aus wie der Teil eines gigantischen Parabolspiegels. Es ist mit Ackerboden aufgefüllt, der durch Stützmauern gehalten wird. Ein Steinbruch in dieser Höhe scheint mir wenig plausibel. Steinbrüche werden dort angelegt, wo bequem abtransportiert werden kann. Dieses Hochtal aber mündet in einer Enge.

Sie haben doch sicher Einwohner nach historischen Einzelheiten Ihrer neuen Wahlheimat befragt?

Ja, wir erkundigten uns bei Nachbarn nach der Bedeutung von »Assumada«, und sie erzählten uns von einer Sage, nach der Assumada ein Vogel ist, der nur des Nachts kommt; niemand sieht ihn, aber man weiß, daß er da ist. Wenn man von unserem Haus am oberen Rand des Bergtales auf einem holprigen Weg entlanggeht, gelangt man schließlich zu einer Stelle, wo sich ein kleines Tal zum Meer hin öffnet. Hier oben in den Berg eingeschnitten befindet sich ein uralter Brunnen. Mir ist kein Ort bekannt, an dem ein Brunnen in dieser Höhe Wasser führt. Man sagt, der »Sohn der Blinden« habe ihn gebaut.

Jede Gegend hat ihre Legenden, die sicher irgendwo auch einen realen Hintergrund haben. Wie brachten Sie denn nun Ihren Aufenthaltsort mit Atlantis in Verbindung?

Je öfter wir zum Cruz da Assumada kamen, desto wohler fühlten wir uns da. Es war nicht nur die ungewöhnliche Stille und das unvergleichliche Berg-Panorama mit dem Meer am Horizont, sondern der Hauch der Ewigkeit, der hier zu spüren ist. Obwohl wir unseren Besuchern nichts von unseren Feststellungen sagten, konnten wir erleben, daß viele von ihnen die gleiche Empfindung hatten, nämlich an einer heiligen Stätte zu sein, die im übrigen außergewöhnlich regenerierend wirkt. Meine Frau schaute oft zu einem gegenüberliegenden Berg, auf dem große Steine lagen und lineare Linien sichtbar wurden. Sie meinte, dort müsse eine uralte Stadt gewesen sein. Auch hatte sie das Gefühl, in dieser Gegend schon einmal gelebt zu haben. Die prähistorischen Anlagen, die wir später fanden, sind also eigentlich ihre Entdeckung.

Was sind das für Anlagen, die Sie beide da entdeckt haben?

Ich habe in der Nähe meines Grundstücks, etwa 2,6 Kilometer nördlich von Loulè, monolithische Skulpturen gefunden und alte atlantidische Tempel. Ich war zunächst ziemlich skeptisch, wurde dann aber bestätigt durch ein Buch von Uwe Topper, »Das Erbe der Giganten«. Er weist ziemlich schlüssig nach, daß die von Platon geschilderte Hauptstadt von Atlantis das heutige Cádiz sei, von der allerdings nur wenige Reste blieben. Unsere Lage in Portugal gehört zu dem Bergzug, der die von Platon geschilderte Landschaft nach Norden hin abschloß. Die Hauptinsel der Atlantider mag sich unter den damaligen geographischen Verhältnissen weit in den Atlantik hinein erstreckt haben. Wie Topper nachweist, hat Iberien mehrfach Landsenkungen und Landhebungen erlebt. Für uns ist der rötliche Kies, den wir in verschiedenen Höhenlagen am Barrocal fanden, ein Beweis, daß hier einst die Brandung des Meeres war. Mit den Mythen der Völker vertraut und mit Hilfe jenes Vermögens, das Platon die »Ur-Erinnerung« genannt hat, gewann das Cruz da Assumada für uns an Leben. Ein *Vogel* bedeutet zum Beispiel in den persischen Legenden einen *Engel*. Also ist die Assumada ein Engel. In dem Buch »Der Aufgang der Menschheit« wird der Name »Assumada« von Hermann Wirts als »aus der atlantidischen Ursprache kommend« gedeutet.

Zurück zu den Fragmenten, die für Sie ja atlantidischen Ursprung haben.

Ich habe diese Tempelanlagen systematisch untersucht. Was man dort vorfindet, ist selbst in seinen Resten noch gigantisch, hat Struktur, hat Funktionen. Man kann etwa zwanzig bis dreißig Großskulpturen gut erkennen.

Sind Sie denn bisher der einzige Mensch, der diesen historischen Platz erforscht und beschrieben hat, oder steht alles schon im Fremdenführer für Portugal?

Es ist nirgendwo in einem Reiseführer beschrieben, denn von der Existenz dieser Anlagen wissen außer meiner Frau und ich höchstens zwei Bauern. Das Gelände ist außerordentlich schwer zugänglich, so daß man sagen kann, daß diese Bauten wie ein Dornröschenschloß über die Zeiten erhalten geblieben sind. Ich habe allerdings schon zwei Führungen gemacht, und alle Besucher sind überwältigt von dem, was sie da gesehen haben.

Es gibt ja mittlerweile ziemlich sichere archäologische Methoden, um das Alter von Materie zu bestimmen, in diesem Falle also dieser bearbeiteten Steine. Konnten Sie denn nicht einmal die klassische Archäologie für diese Funde interessieren?

Bisher habe ich mich darum noch nicht bemüht.

Sie wissen ja, daß die historische Wirklichkeit von Atlantis ziemlich umstritten ist. Was jetzt wieder auftaucht, sind doch mehr geistige Strukturen, passend zum Übergang in das nächste Jahrtausend.

Ja, geistige Strukturen gibt es auch, aber man kann solche auch an diesen Skulpturen ablesen. Die haben vielfach eine Symbolik, die sich geistig einordnen läßt. Ich möchte noch einmal auf zahlreiche Mythen in vielen Völkern hinweisen. Es ist heute möglich, eine andere Geschichte der Menschheit aufzudecken, die auf das untergegangene Atlantis und auf Alt-Europa als der Wiege der Kultur zurückverweist.

Was ist denn für Sie Atlantis?

Das älteste schriftliche Zeugnis ist ja von Platon. Es wird allerdings von der Wissenschaft nicht ganz ernst genommen. Danach soll Atlantis hinter den Säulen des Herkules gelegen haben, darunter versteht man heute die Straße von Gibraltar, vor allem die Felsen von Gibraltar. Und tatsächlich habe ich ja in dieser Gegend diese Tempelreste gefunden.

Wie Sie wissen, gibt es inzwischen auch sehr viele mediale Aussagen über Atlantis. Menschen berichten von ihrem Dasein auf diesem Kontinent. Beziehen Sie solche Informationen in Ihre Arbeit ein?

Natürlich kenne ich viele solcher Texte. Wenn alle Informationen zusammengetragen werden, die heute über Atlantis vorliegen, dann sind *wir alle Erben der Atlantider.* Wir tragen - wie C.G.Jung sagt - den Archetypus von Atlantis in uns. Dies erklärt unser Interesse, weil unsere eigene Vergangenheit aus unserer Psyche wieder aufsteigen möchte. Und die Wiederbelebung der atlantidischen Weisheit und Religion ist von kosmischer Dimension. Bei John Michel »Die Geomantie der Atlanter« kann nachgelesen werden, daß sie Landschaften umgestalten, Berge umarbeiten konnten, um die Energie der Erde und des Himmels - also der Atmosphäre - in der »Heiligen Hochzeit« zu entbinden und in Linien über Land zu führen. Vermutlich dienten diese Anlagen der Landwirtschaft, aber auch Tempel- und Orakelstätten wurden auf den »Orten der Kraft« errichtet. Möglich ist auch eine technische Verwendung dieser gigantischen Energie-Gewinnungs-Anlagen, deren Funktionsweise zwar schon erahnt, aber noch nicht nachvollzogen werden kann. John Michel und ein zweiter englischer Autor, nämlich Nigel Pennick, haben die weltweite Verbreitung der eben erwähnten Berg- und Landschaftsumgestaltungen belegt und hieraus geschlossen, daß es einst eine weltumspannende Kultur gegeben haben muß, die sie mit der atlantidischen identifizierten. Die von mir entdeckten Anlagen nördlich von Loulè lassen sich in diese Forschung einreihen. Natürlich kenne ich auch die Berichte von Rudolf Steiner und Edgar Cayce, ich kenne auch sehr gut Jan van Rijckenborgh*. Wenn man dies alles zusammenfügt, dann scheint es zu dem zu passen, was ich gefunden habe.

Viele Berichte deuten darauf hin, daß die Atlantider über technische Möglichkeiten verfügten, Naturgesetze zu beeinflussen oder zu verändern. Können Sie sich dieser Idee nähern?

Ja, das kann ich. Denn ich habe eigentümlicherweise dort *Rufanlagen* gefunden. Dies ist eine ganz merkwürdige Geschichte. Ich singe gerne, wenn ich so durch das doch recht schwierige Gelände gehe. Ich fotografierte auch und habe dann sehr zu meiner Überraschung auf den Vergrößerungen farbige Energien abgebildet gefunden, also Energiefahnen oder -wirbel. Das habe ich erforscht, und dabei stellte sich dann heraus, daß diese Tempel regelrechte Rufanlagen hatten, die auf bestimmte Rufungen – die ich dem Indischen und Persischen, aber auch germanischen Runen entnommen habe – reagierten.

Haben Sie denn das Gefühl, daß sich hier noch Restenergien aus Atlantis befinden?

Ja, die Anlagen liefern auf jeden Fall einen Effekt. Ob sich noch Restenergien aus Atlantis dort aufhalten, ist etwas anderes. Ich kann jedenfalls die vorhin angesprochenen Theorien von Michel bestätigen, daß Berggestaltungen vorgenommen wurden, die dazu gedient haben, Energien zu sammeln. Auch wer keine Kenntnis von dieser Materie hat, kann zu einer gewissen Abendstunde bei

---

* Holländischer Rosenkreuzer. d. Red.

Sonnenuntergang im Hochtal des Assumada – dort, wo ich auch mein Haus habe – metaphysische Aufnahmen machen. Wenn Sie mit Polaroid fotografieren oder mit Dia-Agfa-Film, dann sehen Sie seltsame Energien und oft auch personale Erscheinungen. Man ist also mit dieser Fotografie in Kultstätten an eine neue Art der Metaphysik geraten. Es gibt inzwischen mindestens zwanzig Leute, die das können.

Könnte man solche Aufnahmen nicht auch an anderen sogenannten »Heiligen Orten« machen, zum Beispiel an den Externsteinen?

O ja, das habe ich dann auch gemacht. Ich habe die Externsteine untersucht und auch andere Kultstätten im Harz. Dort konnte ich verwandte Skulpturen feststellen und ebenfalls Rufanlagen, die nur zu dem Zweck gebaut worden sind, diese Energie hervorzurufen. Das habe ich auch fotografiert. Ich habe darüber genaue Dossiers herausgegeben, in denen ich die Einzelheiten erkläre.*

Könnte man denn sagen, daß man in den von Ihnen entdeckten Rufanlagen Kontakt zu anderen Bewußtseinsdimensionen aufnehmen kann?

Ich meine, an diesen Stätten findet eine energetische Durchdringung des Körpers statt, während die Menschen eine Änderung ihres Bewußtseins erfahren und sich dafür öffnen.

Benutzen Sie bei diesen sogenannten Anrufungen Texte, die man früher als »magische Formeln« bezeichnet hat?

---

* Erschienen bei Dr. S. Hermerding, Goebenstr. 32, 3 Hannover.

Ja, ich würde sie als »Magie der Rufungen« bezeichnen. Ich habe da bei Julia Evola (»Magie als Wissenschaft vom Ich« – Ansata-Verlag. d. Red.) eine gute Zusammenfassung der indischen Matram-Lehre gefunden, vieles stammt aus dem Awesta (Heilige Schriften der Parsen. d. Red.) Ich bin ein Zarathustra-Forscher; auch dort finden sich Anrufungen. Während meiner Führungen in Deutschland und Portugal – dabei kommen Gruppen von achtzig bis hundert Leuten zusammen – werden diese Anrufungen praktiziert. Es entstehen dann auch diese metaphysischen Fotografien, und zwar bei mindestens zehn bis zwanzig Personen mit immer den gleichen Resultaten. Dies ist also eine Tür in eine neue Form der Metaphysik, die in Wirklichkeit natürlich die alte ist. Sie muß nur dem heutigen Paradigma der Wissenschaft aufgeschlossen werden. Der Glaube an die *metaphysische Welt* wird durch die *metaphysische Fotografie* zum Wissen.

Wenn ich Sie richtig verstanden habe, entdeckten Sie diese Rufanlagen zufällig, als Sie in der Nähe dieser prähistorischen Stätten in Portugal laut gesungen haben?

Aus meinem Lebenslauf ergibt sich, daß mir ein geistiges Erbe übertragen wurde, zu dem auch die Grundlagen der gnostischen Magie gehören, die mir von Jan van Rijckenborgh vermittelt worden sind. Hierzu gehören auch magische Rufungen sowie ein gewisses Liedgut der Katharer, das vermutlich mit persischen Pricillianern nach Europa gelangte. Meiner Gewohnheit gemäß ging ich durch die Anlage des Malha Velha an der Algarve – ein Teil des von mir entdeckten Bezirks – und machte hier und dort eine Aufnahme von den Tierskulpturen und sonstigen megalithischen Resten. Ich habe bereits gesagt, daß meine Frau und ich das Gefühl haben, dort schon einmal gewesen zu sein. Es ist seltsam, nach Tausenden, vielleicht sogar nach Zehntausenden von Jahren durch offene Tempel zu wandern, aus denen die Stimme der Vergangenheit spricht, so daß langsam mehr und mehr Sinn, Deutung und Rufungen des Ortes und seiner Skulpturen in der Erinnerung wieder auftauchen. Auch ist die Kraft dieses Ortes so stark, daß sie mich merklich zu überströmen begann.

Sie haben also die eigene Vergangenheit in prähistorischer Zeit als eine Art Film erlebt. Und Sie haben dabei auch fotografiert?

Auf einer der Aufnahmen, die ich machte, fand ich zu meiner eigenen Überraschung einen Lichtfächer in den Farben des Regenbogens; eine Linsenspiegelung kann ausgeschlossen werden. So blieb nur der Schluß, daß es meine magischen Lieder waren, die diesen Effekt, zunächst nur für das Auge der Kamera sichtbar, hervorgebracht hatten. Ab diesem Moment erforschte ich systematisch die Wirkung magischer Rufungen in alten Kultstätten.

Außer an den Externsteinen und in Ihren portugiesischen Tempelfragmenten gibt es also noch mehr solcher Rufanlagen?

In den Latomien – den Steinbrüchen bei Syracus – gibt es das sogenannte *Ohr des Dionys*. Es ist eine in den Fels geschlagene Höhle von beträchtlicher Größe in der Form eines Mittelohres. Dort wird jeder Schall verstärkt. Der Fremdenführer läßt zum Beispiel sein Taschentuch wie eine Peitsche am Eingang knallen, und der Widerhall kommt aus der Höhle wie ein Kanonenschuß zurück. In der Mitte dieser Anlage befindet sich eine Nische, die immerhin so groß ist, daß man ein kleines Haus hineinstellen könnte. In diese Nische hinein sang ich eine Vokalfolge, die sich zu einem starken Brausen erhob, so daß es einem die Sinne nahm. Meine Begleitung hatte das ungewöhnliche Gefühl, daß hier mehr als nur der Klang zur Entfaltung kam. In den Tempeln der Mneidra und der Hagar Quim auf Malta, die man heute noch besichtigen kann, haben einst Priester durch bestimmte Rufungen starke Vibrationen erzeugt. Am beeindruckendsten ist auf Malta jedoch der unterirdische Tempel in Tarxien unter der Straße Hal Saflieni, der noch intakt ist. Hier befindet sich ein ovaler Tempelraum, dem seitlich eine Rufkammer beigegeben ist. Die Decke ist geschmückt mit dem Lebensbaum, dessen Blätter die Sterne des Himmels sind. Auch hier sang ich eine Vokalfolge in die Rufanlage hinein. Diese Rufungen brachten einen starken Effekt im Tempelraum hervor, der durch Mark und Bein zu dringen schien. Gleichzeitig stellte meine Begleitung fest, daß der Fels zu vibrieren begann, so daß ich meine Versuche abbrach.

Sie sagen, daß Sie Vokale singen oder hineinrufen. Was sind das genau für Laute?

Nun, nach der indischen Manthra-Lehre ist der erste Klang, in dem das Ewige sich selbst offenbart, ja *selbst* dieser Klang ist, die heilige Silbe OM. Hier möchte ich gleich sagen, daß die Silbe HOM lautet und nicht OM. Das OM habe ich wirkungslos gefunden. Ein kehlhaftes HCHOM entspricht dem Klang der Klänge und wirkt auch entsprechend. Probieren Sie es mal aus. Beginnen Sie ganz laut, und lassen Sie lange nachklingen.

Ich denke, um die magischen Rufungen zu praktizieren, sollte man sich eingehend damit befassen und vor allem ihre Bedeutung kennen. Für den Anfang reicht es sicher, ein einfaches langgezogenes O oder A zu singen. Wo könnte ich denn dies hier in der Nähe ausprobieren?

Der Klusfelsen bei Goslar ist zum Beispiel so ein Ort. Ich fand dort verschiedene Rufanlagen, die mir durch die Art ihrer Einarbeitung in den Fels nunmehr erkennbar waren und zudem durch Messung mit einem Maßstab, der eine äußerst verfeinerte Einhandrute ist, auch die Erkennbarkeit eines Meßergebnisses aufweist. An der Rufhöhlung, die in der Mitte des Klusfelsens liegt, erprobte ich die Wirkung der Rufungen. Jeder Vokal hatte dort eine andere Bewegungsform des Stabes zur Folge. Mantras und Runen aus alten Schriften führten zu Signaturen, die sich rhythmisch wiederholten. Diese Mosaiksteinchen der Erkenntnis über die Wirkungen der Rufungen, zu einem Gesamtbild zusammengefügt, ergaben das ABC oder die Sprache des Universums. Umgekehrt konnte ich später meinen Meßstab auf eine Skulptur richten und dabei feststellen, daß diese ein rhythmisch wiederkehrendes Signal ausstrahlte, das ich nunmehr in Kenntnis der Sprache und Schrift des Universums wieder ablesen konnte. Auf diese Weise stellte ich fest, daß die in wundersamer Weise Güte ausstrahlende Kopffigur an der Spitze des Klusfelsens den Namen »Radamanthys« trägt und durch diesen Ruf in Vibration versetzt werden kann.

Wenn ich Sie richtig verstanden habe – es klingt wirklich wie eine unglaubliche Geschichte – erzeugen diese Rufe Energien, die sich messen und fotografieren lassen?

Nach Berichten von Siegfried Hermerding wurde der Klusfelsen bei Goslar »in Resonanz versetzt« und zeigt dabei auf dem Original-Foto »den Austritt weißer Energie«. Auf der Schwarzweiß-Wiedergabe ist dies leider nur schwer zu erkennen.

Nach meinen Rufungen machte ich mit einer Polaroid-Kamera Aufnahmen von meiner Frau vor der Rufanlage und sah zu meinem Erstaunen, daß der Felsen sich mit den Farben Blau und Violett eingekleidet hatte. Meine Frau wurde so abgebildet, als habe sie eine weiße Pelzmütze auf, der Körper wurde unscharf, als sei er durch einen Vorhang vorüberziehender Energien hindurch aufgenommen. Aber am meisten überraschte mich, daß der Pflanzenwuchs *hinter* ihrem Körper durch diesen *hindurch* sichtbar wurde.

Gibt es denn für Sie Hinweise auf die Erbauer dieser uralten Kultstätten?

Langsam, ganz langsam, kommt die Erkenntnis, daß diese Stätten nicht von primitiven Heiden erstellt worden sind, sondern von Wesen, die das Bewußtsein zweier Welten hatten, wie Jan van Rijckenborgh dies genannt hat. Sie lebten in dieser und jener Welt zugleich und kannten die Brücke des Übergangs. Verglichen wurde diese Brücke mit dem Regenbogen mit sieben Farben, sieben Strahlen, sieben Vokalen. Nicht, daß man über diese Brücke schritt, denn dies ist ja nur ein Gleichnis, sondern der Gesang des Übergangs ließ in seinem wiederkehrenden Rhythmus die Farben erscheinen, aus denen die obere Welt langsam hervortrat. Die Projektion des neuen, energetisch-stofflichen Leibes ließ diesen in die Erste Welt eintreten. Zarathustra hat diesen Übergang geschildert. Jan van Rijckenborgh sagte hierzu, daß der Aufstieg durch die Spaltung des feineren Ätherleibes vom gröberen Ätherleib zustande käme, dieser Vorgang jedoch einer vergangenen Zeitepoche entspräche, die heute nicht mehr aktuell sei. Unter heutigen Zeitumständen müsse zuvor die Entfaltung des

Mikrokosmos stattgefunden haben. Der letzte Abschnitt auf dem *Wege der Wandlungen*, der früher im Jenseits stattfand, sei in das Diesseits verlegt worden, weil das Jenseits im Laufe der Zeit seine Qualität verlor und nur noch *geschützt* durchschritten werden kann. Deshalb dauert der *Weg der Wandlungen* im Diesseits heute länger.

Nun, die Entdeckung der subatomaren Welt, die Erkenntnisse unserer Biologen und Atomphysiker haben uns dem Mikrokosmos wieder nähergebracht. Sind diese Erkenntnisse ein Brückenpfeiler auf dem Weg zu frühen Kulturen, zu Atlantis?

Die Anlage des Klusfelsens, seine Wirkung und seine Symbolik stellen einen Zusammenhang mit den Resten der Tempel der Atlantider in Portugal her. Auch liegen mir Fotografien von Großsteinskulpturen in Peru und auf Madeira vor. Dieses alles gestattet mir den Schluß, daß wir es an diesen, so weit auseinanderliegenden Stätten mit der gleichen Kultur zu tun haben. Weiterhin läßt die Mächtigkeit der Berganlagen in Portugal erkennen, daß die Menschen der Alt-, aber auch der Jung-Steinzeit, gar nicht in der Lage gewesen wären, mit *ihren Mitteln* diese Tempelanlagen zu erstellen. Es muß sich also um eine umfassende Kultur mit weltweiter Verbreitung gehandelt haben, aus deren Geistesgut diese Anlagen ihre Gestaltung erhielten. In die Felsen in Portugal wurden Tiergestalten skulptiert, die es heute nicht mehr gibt. Die Abbildungen von Menschenköpfen zeigen neben uns heute bekannten Profilen, die wir als germanisch, semitisch oder mongolisch einstufen würden, auch solche, die auf urmenschliche Typen schließen lassen. Eine Kopfskulptur mit extrem flacher Stirn gleicht einem Profil am Klusfel-

Ein sogenanntes metaphysisches Foto, das nach dem Klang der Rune »Noh« in der Rufanlage am portugiesischen Barrocal aufgenommen wurde. Darauf soll die Energie realer Personen erkennbar sein. Die Originalabbildungen sind allerdings in Farbe.

Dieses Bild aus der Steinkammer am Malha Velha zeigt Hermerding, jedoch in Gestalt und Gestik verändert. Auf dem Original-Foto sollen mehrere Gestalten erkennbar sein, sowie Gefäße und eine Rose.

sen. Wie alt ist dann diese Kultur, die die Wesen ja noch gekannt haben muß, die sie abbildeten? Am Istenberg in Deutschland schauen sich ein Cromagnon-Mensch und ein Neandertaler an; der Neandertaler aber soll vor achtzigtausend Jahren ausgestorben sein. Sicher aber wird man über die Altsteinzeit hinausgreifen müssen, um dem Alter dieser von mir hier beschriebenen Kultstätten gerecht zu werden.

Wir müssen also bei unseren Überlegungen zu Atlantis davon ausgehen, daß gewisse Ureinwohner auf der ganzen Welt – der legendäre Peking-Mensch oder auch Typen aus dem Neandertal – nichts mit diesen geheimnisvollen Atlantidern zu tun hatten, die sich wahrscheinlich parallel entwikkelten. Dabei kann wohl ausgeschlossen werden, daß der Neandertaler ein direkter Vorfahre des heutigen Menschen ist.

Das Erbe der Atlantider und ihrer Kultstätten gehört der ganzen Welt, denn weltweit war einst ihre Verbreitung. Die heutige Entwicklung strebt der Einheit zu, die sich notwendigerweise entwickelt. Dem wirtschaftlichen wird bald der politische Zusammenschluß folgen. Somit werden auch alle Lebensformen, Philosophien und Religionen einander begegnen. Dieser Prozeß wird heute bereits sichtbar. In diese geistige Bewegtheit, diese Umschichtungen, diese Neuformulierungen unter chaotischen Umständen wird das magistische Erbe der atlantidischen Religion eingebracht.

Herr Dr. Hermerding, ich möchte noch einmal auf diese mantrischen Anrufungen zu sprechen kommen und die damit verbundenen Erscheinungen, die Sie ja auch fotogra-

fiert haben. Könnte es nicht sein, daß Sie mit diesen Experi-
menten in andere Formen unserer Existenz vorstoßen, Par-
allel-Welten berühren, die heute sogar von ernsthaften
Physikern vermutet werden?

Dies kann man wohl so sagen. Denn zu meinem großen
Erstaunen sind auf diesen Aufnahmen Lichtwesen zu
sehen gewesen, die in einem intelligenten Zusammenhang
zu der Gruppe von Menschen gestanden haben, die dort
anwesend waren. Ich habe es anfangs auch nicht deuten
können, aber dann habe ich Hinweise in der Literatur von
Neu-Platonikern gefunden, über die Mysterien der Ägypter, Syrer und Kalthäer. Da wird genau das beschrieben,
was wir auf unseren Fotos finden: Lichtgestalten, Ener-
giebündel. So daß ein Teil der Antike wieder aufwacht
und damit der Gegenwart erschlossen wird. Natürlich
habe ich mir auch Gedanken darüber gemacht, ob das
Ganze vielleicht eine Täuschung ist. Ich habe es getestet,
auch mit anderen Personen. Schließlich habe ich es so
angenommen, wie es ist. Ich weiß, eine Tür zu einem
neuen Verständnis der Metaphysik ist aufgetan.

Es ist also so, daß diese Geistwesen, diese Lichtgestalten, in
einem intelligenten Zusammenhang stehen zu den Men-
schen, die diese Orte besuchen?

Ja, es sind bisweilen Fotos entstanden, die einzelne Personen in einer anderen Form zeigten, wie sie dort standen.
Es waren Vergangenheitsaufnahmen.

Es war also eine Begegnung mit einer anderen Inkarnation,
mit einem Leben vor dem Leben?

Auch die Externsteine bei Detmold sollen zum atlantidischen Erbe gehören. Auf diesem Bild will Hermerding zwischen dem linken und dem rechten Felsen eine Art energetischer Lichtbrücke entdeckt haben.

»Resonanzbild in Blau« nennt Hermerding diese Aufnahme vom Sazellum auf der Spitze eines Externsteines. Über einer altaranti-gen Säule ist ein Loch für die Beobachtung des Sternenhimmels in den Felsen geschnitten.

Es kommen immer wieder solche Vergangenheitsbilder zustande, aber es kann wohl auch in die Zukunft fotografiert werden. Zu meinem großen Erstaunen, muß ich da hinzufügen. Ich bin noch nicht in der Lage, dies alles zu deuten. Ich nehme es erst einmal zur Kenntnis und versuche es aufzuarbeiten.

Herr Dr. Hermerding, sind Sie sich auf diesen Fotos schon selbst einmal in einer anderen Inkarnation begegnet?

Auch von mir gibt es zwei Fotografien, die offensichtlich eine frühere Inkarnation zeigen.

Auf all diesen Fotos sieht man verschwommene Gestalten, Lichteinfälle, die im ersten Moment an Fehler in der Entwicklungsanstalt, an Einfälle bei Gegenlichtaufnahmen oder andere leicht erklärbare fotografische Möglichkeiten erinnern. Wie überzeugen Sie Ihre Kritiker?

Gar nicht. Ich möchte mit meinen Erkenntnissen niemanden überzeugen oder gar missionieren. Wer für diese mystischen Erfahrungen zugänglich ist, wird sich seine eigene Meinung bilden. Die Körper dieser Figuren, die auf den Bildern zu sehen sind, bestehen aus zusammengezogener weißer Energie. Sie gerieten erst nach etwa einer halben bis zu einer Stunde aufs Bild. Offenbar muß die Energiewelle, die unmittelbar nach den Rufungen aus den Felsen austritt, abklingen und sich in Umsetzungsprozessen wandeln und verdünnen, ehe Gestalten möglich werden. Bei diesen Abbildungen spreche ich von Projektionen, die nur deshalb erfolgen, um etwas mitzuteilen. Nach meiner Kenntnis sind höherentwickelte Wesenheiten in der Lage, verschiedene Umwelten erscheinen zu lassen und so viel von ihrer Wesenheit in diese Projektionen hineinzulegen, wie für den jeweiligen Zweck erforderlich ist. Was die Bibel als Engel bezeichnet, sind unter anderem derartige Erscheinungen. Also wurde die metaphysische Welt entdeckt. Dieses ist nicht neu, denn die Weltliteratur – wenn heute auch in Zweifel gezogen – ist voll von solchen Erscheinungen, die die Menschen früher leichter schauten, als sie sich noch nicht in ihrem analytischen Denken eingemauert hatten. Was mein Zeugnis mit den Zeugnissen früherer Zeiten gemeinsam hat, ist die gleiche Erscheinung. Was sie davon unterscheidet, ist die Herstellung eines anderen Zusammenhanges und die Befähigung, metaphysische Fotografien machen zu können. Diese Bilder haben zwar keinen Beweis-, jedoch einen Belegcharakter, weil sie in vielfacher Weise inzwischen in Gesellschaft anderer Menschen wiederholt werden konnten.

Assumada – Engel des Lichtes

Vom violetten Schein der Erde

Herr Dr. Hermerding, da Atlantis eine Kultur repräsentierte, die über eine für uns unvorstellbar lange Zeit existierte, verkörperte sie die mannigfaltigsten Erscheinungsformen. Sie schreiben in ihrem Dossier »Das Erbe der Atlanter«: »Wie gegenwärtig noch verschiedene Kulturstufen auf der Erde zu finden sind, und zwar von Neu-Guinea bis zur Computerwelt Kaliforniens und die Welt von verschiedenen Rassen bewohnt wird, so war es auch in Atlantis.« Nur eines scheint die Atlantider aller Epochen verbunden zu haben: der Hang zur Metaphysik. Daher auch wohl die vielen Kultstätten, die davon Zeugnis ablegen und von denen Sie einige gefunden zu haben glauben.

Wer einmal begriffen hat, wie sein persönliches Dasein mit dem größeren Sein der Erde und dem Universum verflochten ist, ja, wie er selbst sich damit erfüllt, darin aufgeht und wiederkehrt, der hat auch die Fülle des Daseins gefunden. Und die Mysterienstätten Alt-Europas sind darauf angelegt, daß ein Mensch die Fülle des kosmischen und seines personalen Daseins fand.

Sie haben zu Beginn erwähnt, daß das Cruz da Assumada in Portugal auf Sie wie der Teil eines gigantischen Parabolspiegels wirkt und daß Sie vermuten, das Tal sei von Menschenhand so gestaltet worden.

Das Cruz da Assumada ist in die Bergkuppe hineinge-schlagen worden, und zwar unter Verwendung einer Maßeinheit, die im Verhältnis zum Erdumfang und zum Durchmesser der Erde steht. Hierdurch kommt es zu einem Resonanzverhältnis. Resonanzverhältnis bedeutet, daß durch diese Anlage alle höheren Oktaven bis zum Klang, darüber hinaus bis zum Licht, darüber hinaus bis zum Bewußtsein, im All angerufen werden können. Sicherlich gilt dieses auch für ein Resonanzverhältnis zum Inneren der Erde. Hierzu sollte man sich vergegenwärti-gen, daß die Erdkruste im Verhältnis zum Magma und weiter zum gasförmigen Kern der Erde der Stärke eines Papierblattes im Vergleich zu einem Fußball entspricht. Das Cruz da Assumada konnte einige tausend Menschen aufnehmen. Wir können uns denken, daß sie zu den Mysterien dieses Ortes durch die Priesterinnen wie an der Hand einer älteren Schwester geführt wurden. Deshalb nannte man die Priesterinnen dieses Ortes, wie eine Rück-versetzung in die Vergangenheit mitteilt, auch die »Schwestern der Seele«.

Sie meinen, diese Situationsbeschreibung ferner Verhält-nisse wurde während einer Reinkarnationssitzung gemacht?

Ja. Die »Schwestern der Seele« trugen ein langes, weißes Gewand, dessen offener Ausschnitt mit einer bauschigen Bordüre besetzt war, die, einem Chi-Kreuz ähnlich, nach unten sich überkreuzend, nach rückwärts geführt wurde. Sie waren so symbolisch eine menschliche Erscheinung der Reinheit, der empfangenden und gebenden weibli-chen Weltseele. Sie trugen das Bewußtsein zweier Welten, nämlich der oberen Dyas und der unteren Natur zugleich; das befähigte sie zum Übergang von der unteren zur oberen Welt.

Dies ist nun schon atlantidische Mythologie, von der Sie da sprechen, und für die Menschen unserer Tage ohne Vorkenntnisse nur schwer zu verstehen. Aber vielleicht schildern Sie uns einfach mal diese Zeremonie und besonders die Rufungen, die von einer solchen Menschenmenge ausgegangen sind.

Die Gläubigen am Cruz da Assumada wurden in Chöre eingeteilt, die den Namen der Assumada sangen, nämlich das *As,* das den Brustkorb schwingen und zu den Sternen hinauf vibrieren läßt, und das *Suma,* das die Macht der Mutter Erde im Menschen aufruft und aus den Zeugungsorganen zum Brustkorb hinaufhebt. Über die nach abwärts geöffneten Hände floß die Kraft der Erde zum Brustkorb und begegnete dort der Energie der Sterne. Der Brustkorb ist mit seinen zwölf Rippenpaaren und dem Sternum ein Vibrator besonderer Art, Sender und Empfänger zugleich, und der Mensch weiß im allgemeinen gar nicht, welches Geschenk und welches Vermögen in ihm angelegt worden ist. Das *DA* bringt die Assumada zum Erscheinen. Erinnern wir uns an das, was schon gesagt wurde. Die Assumada ist ein Vogel – ein Engel des Lichts. Sie kommt nur des Nachts. Niemand hat sie gesehen. Man weiß, daß sie da ist.

Wie ist dieses Bild für uns heutige Menschen zu verstehen?

Der Engel des Lichtes gleicht einem Erzengel, der die weibliche Weltseele repräsentiert. Er kommt nachts, wenn die Feuer am Cruz da Assumada angezündet werden. Vom Brunnen wurde Wasser geholt, in Schalen gegossen und an den Feuern aufgeladen. Nach der Art jener Zeit waren die Priesterinnen den kretischen gleich gewandet.

Sie hielten die Schalen in Brusthöhe in der rechten Hand und in der linken Zweige, die sie zum Feuer gerichtet kreisen ließen. In den Feuern stieg durch den rufenden Gesang das violette Licht der Erde auf, und die Priesterinnen erfüllten sich damit und mit der Kraft, die das Sternum aus dem Himmel aufnahm. Aus ihrem Brustkorb erweiterte sich ihre Aura und senkte sich wie ein Schleiergewand um die Gruppen herab, die sich um sie gesammelt hatten. Die Schale aber in ihrer rechten Hand wurde energetisch aufgeladen und den Gläubigen zum Trunk gereicht, als seien es ihre Kinder, die da genährt wurden. Der Gralsmythos ist persischen Ursprungs, und man weiß heute, daß das Abendmahl nach persischen Vorbildern vom Christentum übernommen wurde. Dieser Trank am Cruz da Assumada war nicht irgendein Getränk, es war der magische Trank, der wie Feuer die Adern durchfloß und die Gläubigen zum Aufstieg in die höheren Welten vorbereitete.

Man weiß ja aus Ägypten, daß die Priester, also eine privilegierte Kaste, gewisse Naturerscheinungen – von denen sie als Wissenschaftler Kenntnis hatten – in ihre Zeremonien einbauten, um damit ihr Auserwähltsein zu betonen. Kann es am Cruz da Assumada nicht ähnlich gewesen sein?

Natürlich waren die Menschen dort inniger mit der Natur verbunden, als wir es heute kennen. Wenn es Nacht wurde am Cruz da Assumada, schoß ein Lichtstrahl vom Barrocal zum Tal des Cruz da Assumada hinüber, und zwar ausgelöst durch den Untergang der Sonne. Und als die Menschen die Energien durch ihre Körper fließen fühlten, wußten sie, daß die Assumada da war. Das ganze Tal war von violettem Licht erfüllt, durchzogen von den

Schleiern aus sich selbst leuchtenden goldenen Lichtes. In der Lichtsäule, die sich vom Himmel zur Erde erhob, trat das säumende Bewußtsein den Aufstieg in die obere Welt an; geleitet von den lichten Gewändern der Priesterinnen. Das bedeutet es, wenn es heißt, der Brunnen sei vom »Sohn der Blinden« gebaut worden: nämlich, daß die Menschen blind waren und sehend wurden. Wer einmal dieses Erlebnis hatte, das ihm da am Cruz da Assumada vermittelt wurde, der konnte es nie wieder vergessen. Sein ganzes Leben wandelte sich, und er betrat den Weg der Mysterien, jene zeitlosen und ewigen, zu denen der Zugang heute so verschüttet ist.

Sie sprachen von der »Hochzeit von Himmel und Erde«. Was war darunter zu verstehen?

Wenn das Lied der »Hochzeit von Himmel und Erde« gesungen wurde, erhob sich eine Klangsäule, durchwirkt vom Licht der Erde. Ihr begegnete eine Lichtsäule, die sich vom Himmel herabsenkte, und beide wurden miteinander verschmolzen durch den ewigen Aspekt des Feuers, den die Inder *Akasha* nennen. So vollzog sich die »Heilige Hochzeit von Himmel und Erde«, und ein vielfarbiger Glanz der Lichter umspielte die Säule aus Klang und Licht. Ursprünglich verstand man unter »Taufe« das Aufgenommensein in einer Lichtsäule. Wenn von Lichtsäule gesprochen wird, dann ist das aus sich selbst leuchtende Licht gemeint, jenes radioaktive Licht, das die inneren Welten transluzent erleuchtet; dieses zu schauen, nennt man *Hellsicht* oder *Visio* und in den Anfängen des Christentums *Erleuchtung*.

Wenn von Atlantis die Rede ist, kommt man unwillkürlich auf die Kristalle zu sprechen. Sie haben so einen geheimnisvollen Stein doch einmal gefunden?

Ja, auf dem Rückweg vom »himmeloffenen Tempel« im Tal fand ich einen Kristall von etwa Fußballgröße. Er war ellipsoid glatt geschliffen und nur an einer Stelle angeschlagen, so daß man die kristalline Struktur sah. Ich nahm ihn mit, warf ihn jedoch nach einigen hundert Metern wieder weg, weil er mir zu schwer wurde. Vielleicht, so dachte ich, ist dieser Kristall wie ein Kieselstein durch die Einwirkung der Brandung geschliffen worden. Erst meine Frau wies mich darauf hin, daß es sich um einen der atlantidischen Kristalle handeln könnte, die einst zur drahtlosen Kraftübertragung dienten. Ein traumhafter Rückblick sieht den Kristall auf dem Altar liegen; er versammelte in sich die Energien der untergehenden Sonne und fokussierte sie auf die Felswand, die wiederum ein waagerechtes Feld der violetten Kräfte der Erde abstrahlte. Zwischen dem Kristall und der Felswand war der Ort der gemischten Energien. Es versammelten sich Helfer und Helferinnen, die in den Energiekegel traten. Der Kandidat in den Mysterien befand sich in der Mitte. Aus dem Zugang trat die Priesterin hervor, welche die Mutter Erde vertrat; sie war mit Blättern geschmückt und nackt. Diese Nacktheit hatte keine sexuellen Bezüge, sondern stand im Zeichen der »Hohen Liebe«. Nackt war auch der Kandidat, wie einst Eleusis. Hier kann nur angedeutet werden, daß eine Hülle unserer Aura die Prägung des Sternenhimmels bei der Geburt erhalten hat. Nur ein Teil davon wirkt sich im irdischen Leben aus. Jeder Stern hat eine andere Eigenart und projiziert sich unter anderem auf die Haut des Menschen. Dieses ist so lange latent, wie der Mensch sich nicht über sein im allgemeinen horizontales Bewußtsein erhebt. Bei dem jedoch, der den Weg der Mysterien geht, werden die Hautpunkte nach und nach sensibel und übertragen dem Menschen ein Vermögen, das sein Bewußtsein über sein eigenes Ich hinaus erhebt. Auf diese Weise bildet sich langsam ein anderes Bewußtsein. Vor einigen Jahren hatte ein italienischer Neurologe eine Anzahl dieser Hautpunkte gefunden, so daß es auch eine Art Nachweis hierfür gibt.

Noch einmal zurück zu jenem Kristall, den Sie gefunden und später weggeworfen haben. In Ihrem Dossier »Das Erbe der Atlanter« schreiben Sie aber, daß Sie dieses Mineral später wiedergefunden haben.

Ja, dieser Quarz wurde wiedergefunden und zwar nebst einem zweiten Kristall, der als Fläche gearbeitet ist und auf der einen Seite drei und auf der anderen zwei halbkreisförmige Einarbeitungen aufweist. Zunächst hat man den Eindruck, daß es sich um Naturgebilde handelt. Eine nähere Vermessung des zuvor schon beschriebenen, etwa fußballgroßen Quarz mit Oberbachs *Biotensor* (eine Art Wünschelrute. d. Red.) hatte das überraschende Ergebnis, daß hier die gleichen Polarisierungen festzustellen sind, die man auch am menschlichen Kopf gefunden hat. Die Nachkontrolle mit einem elektrischen Meßgerät, und zwar mit dem *Magnetron*, ergab jedenfalls eine sehr starke Polarisierung. Also ist dieser Quarz Träger eines starken magnetischen Feldes. Eine erneute Betrachtung dieses Fundes nach seinen Glättungen und Bruchstellen läßt ihn als Teil einer Kopfskulptur erkennen.

Stoßen Sie nicht mit all diesen hervorragend formulierten Thesen bisweilen auf erstauntes Kopfschütteln?

Ich habe das Cruz da Assumada, den Barrocal und Malhada Velha (ebenfalls in Portugal gelegen. d. Red.) als altatlantidische Mysterienstätten erkannt. Daß sie alt-atlantidisch sind, wird durch Platon, Uwe Topper, Hermann Wirts, John Michel und Nigel Pennick ausreichend belegt. Wer das dennoch nicht anzunehmen bereit ist, dem ist nicht zu helfen, weil auch unter Wissenschaftlern die Einengung des Denkens in vorgegebenen Gleisen die Regel ist. Lesen Sie hierzu nur die Kritik, die Friedrich Nietzsche in seinem »Also sprach Zarathustra« so vortrefflich zum Ausdruck gebracht hat. Der größere Teil des Publikums ist verständlicherweise ebenfalls in diesen engen Gleisen des Denkens befangen, da sie an Autoritäten glauben und einstweilen zu unbefangenem Denken nicht in der Lage sind.

Wie ist denn nun Ihr ganz persönlicher Bezug zu diesem Atlantis. Wie erklären Sie sich dieses persönliche Engagement. Haben Sie das gewissermaßen angezogen?

Ja, ich würde beinahe sagen, daß da auch ein karmischer Faktor mit dabei ist. Ich war zweiundzwanzig Jahre Mitglied bei den Rosenkreuzern der holländischen Richtung des Jan van Rijckenborghs, die sich ja mit solchen Energien befaßt haben, dem Aufbau sogenannter Kraftfelder. Insofern war ich also vorbelastet und verfügte über gewisse Kenntnisse, die nicht so allgemein verbreitet sind. Daher konnte ich auch diese Energien wieder wachrufen.

Sie haben also für sich selbst Hinweise darauf, daß Sie auch ein Atlantider sind?

Ja, zumal ich in einer metaphysischen Fotografie mit einer Bekleidung abgebildet werde, die der entspricht, die ich in den Reliefs in Portugal gefunden habe. Wie ich ja schon sagte, hatte ich überhaupt dort unten den Eindruck, zu einer Stätte zu gelangen, die mir von innen her bekannt war.

Zu Atlantis gibt es so verwirred viele und zum Teil recht unterschiedliche Aussagen. Auch über den Untergang dieses Kontinents gehen die Meinungen auseinander. Wie ist denn Ihre Ansicht?

Es existiert die Meinung, daß der Untergang von Atlantis durch einen heruntergefallenen Mond verursacht worden sei. Uwe Topper meint, ein großer Meteor habe Atlantis versenkt. Wer um ein Weltbewußtsein weiß, wie Jan van Rijckenborgh, findet wie dieser eine andere Erklärung. Diese wird durch eine Rückschau erhärtet. Er behauptet, daß die Atlantider in ihrer Endzeit weitgehend mit »Slimmigheid«, sprich Bosheit, erfüllt gewesen seien. Diese Bosheit sei mit einer Hochtechnologie verbunden gewesen, welche die Energien des Himmels und der Erde in vernichtenden Kriegen untereinander entfesselt habe, so daß sie sich nicht mehr steuern ließen. In diesen selbstverursachten und nicht mehr aufzuhaltenden energetischen Wirbelstürmen sei der Aufruhr der Elemente entstanden und habe den Untergang von Atlantis in verschiedenen aufeinanderfolgenden Phasen bewirkt. Jan van Rijckenborgh fügte hinzu, daß alle Wissenschaftler, die den Untergang von Atlantis verschuldeten und die er als

Natur-Magier bezeichnete, heute wieder reinkarniert seien.

Unsere Anthropologen und Archäologen finden bisweilen ja noch Skelette von Uraltbewohnern dieser Erde, den soge-nannten Primitiven. Doch kein Fundstück dieser Art beweist die Existenz früher Atlantider.

Nun, es gab eben Zeiten, da der Mensch noch nicht so »auskristallisiert« war, wie er es heute ist. Sein damaliges Skelett war sozusagen »weicher«, verging und ist deshalb nicht mehr auffindbar. Mit dem Untergang von Atlantis kam es zum Kulturbruch, und ganz natürlich war der Neuanfang über einige Jahrtausende hinweg primitiv. Es gab ja vor langen Zeiten einen primitiven Menschentyp, wie den Neandertaler, der ja übrigens nicht ganz verges-sen ist, sondern sich noch deutlich im Körperbau des gegenwärtigen Europäers abbildet. Worauf es ankommt, ist, zu begreifen, daß hinter der Steinzeit eine atlantidi-sche Zeit auftaucht, deren Erben wir sind – eine Hochkul-tur, zu der wir uns noch nicht wieder erhoben haben.

Der Mensch lebt in der Sehnsucht nach Vervollkommnung. Vielleicht ist dies der Grund, warum sich immer mehr heu-tige Menschen mit diesem Atlantis beschäftigen.

Der Anlaß ist darin zu suchen, daß für die meisten Men-schen unsere Gegenwart ziemlich sinnlos geworden ist. Sie wissen ja, daß das wissenschaftliche Weltbild »den Sinn der Welt« verneint. Danach ist die Welt eben aus dem *Nichts* entstanden, *ohne Zweck* und *ohne Sinn* und wird alsbald wieder verschwinden. Dies ist wenig trost-reich. Die Menschen sehnen sich danach, den *Sinn des*

Lebens zu finden. Und wenn man die alten Prophezeiungen einmal durchgeht, dann ist ja das Wiedererwachen der alten Kulturen geweissagt. An diesem Punkt stehen wir. Der Menschheit soll noch einmal eine Einströmung von Licht geschenkt werden, sie soll noch einmal die Energien erfahren und abrufen können, die zur Vollendung ihres Entwicklungsweges erforderlich sind.

Sehen Sie dafür eine Chance?

Dafür sehe ich eine Chance, ja.

»Am Anfang waren Ideen . . .«

David Luczyn interviewt durch Julie Aspioti den »Alten«

Der Frankfurter Seminarveranstalter David Luczyn führte
das wohl ungewöhnlichste Gespräch seines Lebens mit
einem gewissen »Lye - dem Alten von Atlantis«. Im
Dezember 1987 traf Luczyn auf einem Reiki-Seminar in
Stuttgart zufällig die zweiundzwanzig Jahre alte Griechin
Julie Aspioti und ihren Mann Dimitris Andruc.
Julies mediale Karriere begann in ihrem zwanzigsten
Lebensjahr und mit der Suche nach einem verlorenen
Schlüssel. Plötzlich erklärte sie ihren verdutzten Freunden
mit veränderter Stimme, wo der Schlüssel zu finden sei.
Die Aussage stimmte.
Seitdem hat die Griechin in veränderten Bewußtseinszu-
ständen, in die sie sich selbst bringt, einen mentalen Kon-
takt zu einem Wesen, das sich »Lye - der Alte von Atlantis« nennt.
David Luczyn: »Gleich am ersten Abend waren die beiden bereit, mich mit Lye bekanntzumachen. Diese Gelegenheit sollte für mich der Beginn einer aufregenden
Reise zu einem Freund und Lehrer aus atlantidischen
Zeiten werden. Es dauerte noch einige Sitzungen, bis er
mich alten Skeptiker überzeugt hatte, daß da nicht Julies
höheres Selbst oder irgendein astrales Wesen zu uns
spricht, sondern tatsächlich eine sehr hohe und reine geistige Quelle, die mit uns arbeiten wollte.«
Julie Aspioti, die perfekt deutsch spricht, erklärte den
Stuttgarter Seminarteilnehmern, daß sie mit dem »Alten
von Atlantis« schon vor ihrer Geburt verabredet gewesen

sei. Seitdem sei er mehr und mehr in ihr Leben getreten und für sie und andere zum wichtigen und hilfreichen Wegbegleiter geworden.

David Luczyn: »Lye – der Alte von Atlantis – gibt durch Julie nicht nur Antworten auf allgemeine und persönliche Fragen, sondern kann auch, da er die Akasha-Chronik liest, Auskunft geben über frühere Leben und karmische Verknüpfungen. Er macht außerdem Energiearbeit und Aurareinigung und weiht in atlantische Mantren ein.«

Im folgenden Gespräch, das mit freundlicher Genehmigung der Zeitschrift »2000 – Magazin für Neues Bewußtsein« hier abgedruckt ist, gibt »Lye« in einer Art Epilog philosophische Lebensregeln, wie sie typisch für sogenannte »Channelling-Medien« sind, deren Aussagen in dem Knaur-Taschenbuch »Botschaften aus einer anderen Dimension« beschrieben wurden. Immer wieder wird auf die Tatsache verwiesen, daß jeder sich selbst akzeptieren sollte, um andere zu lieben, und daß wir mit unseren Gedanken die Schöpfer unserer Realität sind.

Typisch im Zusammenhang mit Atlantis sind die deutlichen Hinweise auf die sagenumwobenen Kristalle und die Information über die eigene kristalline Struktur des Menschen, ohne deren Akzeptanz das geheime Wissen um die Kristalle wirkungslos sei.

Bemerkenswert auch ein mögliches Erklärungsmodell der Akasha-Chronik, die der Biologe Rupert Sheldrake als »morphogenetische Felder« beschreibt, eine Gedächtnisstruktur des Planeten Erde.

Die stark religiös betonten Aussagen am Ende des Gesprächs sind eher ungewöhnlich für mediale Aussagen über Atlantis, in denen meist von einem intelligenten Energiemuster statt von einem personifizierten Gott die Rede ist.

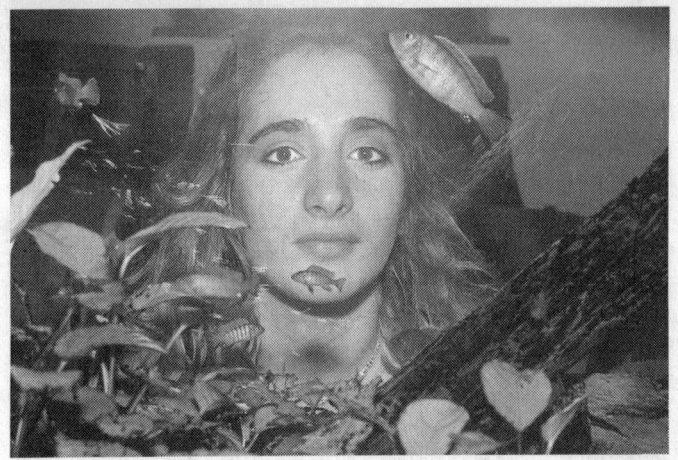

*Die Griechin Julie Aspioti will einen Kontakt zu einem atlantidi-
schen Weisen haben, der sich »Lye – der Alte von Atlantis« nennt
und auch über die Wirkung der Kristalle spricht.*

Epilog:

Meine Freunde, ich bemerke Spannung in euch. Positivi-
tät, Intensität, Spannung. Alles hat seinen Gegenpol.
Damit beginnt Dialektik. Es gibt noch einen dritten Punkt:
die Synthese. Arbeitet an der Synthese, arbeitet euch
durch eure Gefühle.

Ich beobachte Hemmung. Arbeitet mit euren Gefühlen,
haftet nicht an euren Vorstellungen. Seht eure Spiele,
jeder von euch, und eure absolute Gewißheit, daß ihr *in
Ordnung* seid. Werft jede Vorstellung von EGO von euch.
Euer Mind* kann nicht planen, kann nicht vorher planen,
was in euer Leben kommen wird. Ihr denkt in einer sehr

---

* Geist. Hier eher im Sinne von Unterbewußtsein zu verstehen.

beschränkten Weise, sehr eng. Plant nicht vorher! Was immer ihr denkt, es wird zu eng sein für das, was immer kommen mag. Unterdrückt eure Gefühle nicht. Versteckt euch nicht vor euch selbst. Schaut euch an, welche Wünsche euer Mind kreiert. Seht die Häßlichkeit, nicht eurer Wünsche, aber eurer Isolation. Denn ihr wollt die Wünsche nicht zulassen, die euer Körper hat. Das ist die Häßlichkeit, dadurch entstehen Konflikte, nicht durch die Wünsche selbst.

Aber der Mind kennt seine Sprache, er kennt sie sehr gut. Und er macht Kompromisse, das ist Häßlichkeit, das stimmt nicht mit den Gefühlen überein. Seid flexibler! Beharrt nicht auf der Vorstellung, daß ihr korrekt seid und großherzig. Schaut hinter all diese guten Ideen, die ihr alle über euch selbst habt. Erkennt auch eure negative Seite, wie euer Mind sie nennt. Wagt es! Überschreitet die Grenzen, die ihr euch selbst mit eurem Mind setzt. Mit Liebe, mit Koexistenz, mit Verstehen, mit Respekt. Nehmt euch an, meine Freunde, akzeptiert euch und macht keine Projektionen auf andere, indem ihr an euren Vorstellungen über euch selbst und andere festhaltet. Mischt euch nicht in anderer Leute Leben, liebt euch selbst. Christus sagte: Liebe deinen Nächsten wie dich selbst; das heißt: wenn du dich nicht selbst liebst, kannst du auch deinen Nächsten nicht lieben. Das ist es, was ich euch heute nacht als Gruppe zu sagen habe, morgen werden wir in diesem Haus viel arbeiten, auch in diesem Gruppentreffen wird sehr viel Energie gegeben werden, sie wird in diesem Haus und in seinen Leuten für lange Zeit erhalten bleiben. Nehmt eure Konflikte an und seid euch immer der Liebe bewußt, die eure Führer für euch haben und die immer für euch verfügbar ist. Vertraut und betrachtet die Dinge nicht auf eine enge und begrenzte

Weise. Ich möchte, daß eure Liebe zu Freude wird, zu einem Fest. Verschließt euch nicht, durch eure eigenen Vorstellungen, in diesem schrecklichen Elend, das ist es, was ich euch zu sagen habe.

Fangt mit eurem Atem an. Schaut, ob ihr, für einen einzigen Tag, euch eures Atems bewußt sein könnt, und das mit größtmöglicher Liebe für euch selbst. Atme durch die Nase ein und durch den Mund aus. Es ist Liebe. Dein Atem ist ein Spiegel deines täglichen Stresses, er gibt dem Körper nicht, was er braucht, und dadurch entstehen Unbefriedigtheit, negative Gefühle, Negativität. Erarbeite das durch deinen Atem. Es gibt eine Menge Liebe um dich herum. Schmecke sie. Lasse sie zu. Vertraue ihnen. Erhebe deine Hände, wenn du einatmest.

David:
Dieses Interview ist für das »Magazin 2000, Magazin für Neues Bewußtsein«, und zu Beginn möchte ich dich bitten, dich unseren Lesern vorzustellen.

Lye:
Als erstes bedanke ich mich dafür, daß du mir die Möglichkeit gibst, mich an ein größeres Publikum zu wenden. Du bist einer der Menschen, die den Weg für das Neue Zeitalter öffnen.

Mein Name ist Lye, ich lebe nicht mehr in einer Dimension wie der euren, ich bin nicht in einem Körper, ich bin in einer anderen Sphäre der Existenz, in einer anderen Dimension, wie ihr es in eurer Sprache nennt. Ich gehöre zu diesem, ich denke, in Deutsch würde man sagen *Reich*, welches die Aufgabe hat, zu helfen, dem Kommen des Neuen Zeitalters zu helfen, in Zusammenarbeit mit dem Schöpfer, dem Medium und mit Hilfe der Liebe des

Schöpfers, die Leiter der versprochenen Liebe, welche zur Verbindung mit der Einheit zurückführt, zum ursprünglichen Zustand der Seelen. Die versprochene Liebe des Schöpfers, das ist unsere Aufgabe. Ich gehöre zu einem dieser Reiche.

David:
Kannst du den Namen dieses Reiches sagen, hat es einen Namen in unserer Sprache?

Lye:
Ja, es gibt verschiedene Namen. Zuerst möchte ich dir sagen, daß ich in Atlantis lebte, wo ich eine ähnliche Aufgabe zu erfüllen hatte. Ich war der sogenannte »Alte Mann«, einer der zwölf Lehrer, die Wissen ausströmten zu den Leuten. Wissen, nicht mit der Bedeutung, der ihr heutzutage verhaftet seid, sondern Wissen, das Intuition, kreative Kraft, Improvisation, Inspiration, Verbindung mit der inneren Weisheit und Glaube war. Das war meine Aufgabe dort, denn die Dinge gingen nicht sehr gut, nach der Trennung der Söhne des Belial und der Söhne des Gesetzes des Einen.
Es gibt verschiedene Ebenen hinter der irdischen Ebene, oder andere Dimensionen, kann man sagen. Ihre Zahl ist *sieben.* Ich bin in der fünften und in der sechsten Dimension.

David:
Und damals in Atlantis, warst du da in einem Körper inkarniert, einmal oder zweimal oder viele Male, oder arbeitetest du auch von der fünften und sechsten Dimension aus?

Julie Aspioti in Tief-Trance während einer Gruppensitzung, bei der sie von ihrem Mann Dimitris Andruc (rechts) geführt wird.

Lye:

Ich war in einem Körper, aber gleichzeitig jenseits des Körpers. Ich werde dir etwas später während der Sitzung erklären, was ich damit meine. Wegen dieser Umstände arbeitete ich mit diesen Dimensionen, denn genau das war meine Welt von Anfang an. Von dort materialisierte ich in einen Körper und ging nach dem Ende des Zyklus meiner Inkarnationen dorthin zurück. In Atlantis fand Existenz auf einer gänzlich unterschiedlichen Ebene statt. Ich werde versuchen, es in einfachen Worten zu erklären, so daß du es verstehen kannst. Es war eine Situation, wo Materie und Anti-Materie ko-existierten. Das ist in eurer Welt unmöglich, denn wenn sich diese beiden Dinge miteinander verbinden, heben sie sich gegenseitig auf. Die Wesen lebten mit dem Bewußtsein der sieben verschiedenen Grade von Dichte ihrer Körper, das bedeutet, daß sie nicht nur das Bewußtsein ihres physischen Körpers hatten, sondern auch ihres Ätherkörpers, ihres mentalen Körpers und ihres Astralkörpers. Menschen hatten wirklich das Bewußtsein, daß sie gigantische fließende und flüssige Kristalle waren, und das war genau die Ebene von Arbeit mit Kristallen. Es ist eine andere Art der Existenz.

David:

Bedeutet das, daß sie nicht in einem Körper existierten, wie wir heute einen haben? Sahen sie aus wie wir?

Lye:

Sie waren nicht genau wie du. Am Anfang waren Ideen, Erscheinungen von Ideen. Es war wie das platonische Konzept von Ideen. Die Projektionen der Ideenformen erschufen die Körper. Am Anfang waren diese Körper nicht so fest. Sie waren mehr fließend und von luftiger Beschaffenheit oder wie Gelee. Später wurden sie fester. Auch gab es auf der Erdebene Materialisationen von Seelen, die von anderen Ebenen kamen. Auf diesem Weg wuchs die Bevölkerung. Daraus ergaben sich neue Situationen: die Teilung des androgynen Wesens und die Schöpfung der zwei Geschlechter, männlich und weiblich. Am Ende verloren viele aus dieser Bevölkerung das Bewußtsein über ihre Herkunft. Sie vermischten sich mit Tieren. Eine Anzahl von Seelen wurde von der Erdebene entfernt. Die Teilung zwischen den Söhnen des Belial und den Söhnen des Gesetzes des Einen fand statt. Von dieser Zeit an wurden von IHM viele Versuche gemacht, Hilfe und Liebe zu geben. Und immer, während aller Zeiten, während aller Epochen, wurden Schlüssel gegeben. Heute befindet ihr euch wieder in einer solchen Phase, in der die Schlüssel gegeben werden, durch die Lehrer, durch das visionäre Wissen, durch die Initiationen und durch die Symbole.

David:
Wann passierte das alles, was du am Anfang sagtest, 50 000 vor Christus, oder wann war das?

Lye:
All das fand statt etwa 50 000 Jahre vor Christi Geburt. Es begann vor neun Millionen Jahren. Nur um dir eine Vorstellung zu geben: Die Wissenschaft glaubt, daß die Menschen vor 600 000 Jahren anfingen, auf der Erde zu sein. Die Zeit bis zum 100 000. Jahr vor Christus sei eine unbekannte Phase. Es wird gesagt, daß der Neandertaler in der Zeit von 100 000 vor Christus bis 400 000 Jahre vor Christus aufgetaucht sei, um erst vor etwa 40 000 Jahren vom

heutigen »Homo sapiens« abgelöst worden zu sein. Du verstehst jetzt, welche Unwissenheit hier existiert.

David:
Du sagst, daß es eine Trennung gab zwischen Atlantis und dem Rest der Erde; es gab völlig unterschiedliche Bewußtseinsebenen. Nur in Atlantis und Lemuria war das Bewußtsein verhältnismäßig hoch, und der Rest war unterentwickelt. Stimmt das?

Lye:
Atlantis war besonders entwickelt. Aber wir hatten immer schon Auswanderungen von Atlantern in den Rest der Welt, wie nach Ägypten, in die Pyrenäen, nach Ucata (eine Insel), in die Anden, nach Nasca oder in den Kaukasus und in die Gobi.

David:
War das am Ende von Atlantis, als sie auswanderten, oder schon vorher?

Lye:
Es passierte fortlaufend, denn es gab einen Grund dafür, und das waren die Zerstörungen, die begannen, das »Clearing« all der Energien, die nicht paßten, die nicht zusammenarbeiteten. Viele neue Zentren entwickelten sich im Rest der Welt. Viele Atlanter vermischten sich jeweils mit der örtlichen Bevölkerung, und das war auch ein Teil des Plans.

David:
Wie bewegten sie sich fort, wenn sie nach Gobi reisten oder zu den Anden in dieser Zeit?

Lye:
Unterschiedlich. Der einfachste Weg war mit Schiffen. Ein anderer Weg waren Materialisationen, aber sie gebrauchten auch andere Methoden. Unter der Erde und über der Erde. Entweder in der Luft oder auf der Oberfläche der Erde. Ihre Schiffe bewegten sich mit der Kraft der Kristalle: Materie und Anti-Materie.

David:
Warst du in einem Körper inkarniert seit deiner atlantidischen Inkarnation?

Lye:
Ja, als ein Prophet.

David:
Ist es einer, den wir kennen?

Lye:
Ja.

David:
Kannst du den Namen sagen?

Lye:
Es ist sehr einfach für euch, es zu erraten. Ich möchte jetzt noch nicht darüber sprechen. Das kommt später.

David:
Es scheint, daß es eine tiefe Verbindung zwischen heute und Atlantis gibt. Ist es so, daß die Schlüssel von Atlantis auch uns gegeben sind? Kannst du ein bißchen mehr über unsere Wurzeln und Verbindungen zu Atlantis sprechen?

Lye:
Ja, fast jeder, der nach 1940 inkarnierte, ist atlantidisch.

David:
Über die ganze Welt verteilt?

Lye:
Ja.

David:
Die Welt ist so übervölkert jetzt. Atlantis war nur ein kleiner Teil der Welt. Es ist schwer vorstellbar, daß die ganze Welt Teil von Atlantis gewesen sein soll. Soviel ich weiß, war Atlantis nur ein großer Kontinent im Ozean.

Lye:
Ja, aber die gesamte Bevölkerung der Welt wurde nicht erst nach 1940 geboren.

David:
Das stimmt.

Lye:
Es gibt nichts, was nicht korrekt ist. Alles, was ist, ist korrekt. Die Verbindung zu Atlantis ist folgende: Dem Karma der damaligen Situation ist eine neue Möglichkeit der Erfüllung gegeben. Das ist der Grund, weshalb die Reinkarnationen geschehen, damit das Karma erfüllt werden kann und damit das kollektive Bewußtsein steigt, so daß die Seelen in der Lage sind, zu ihrer wirklichen Daseinsform zurückzukehren, zurück zur Einheit. Auf jeden Fall sind die Schlüssel gegeben, und das Neue Zeitalter kommt. Was willst du mich fragen?

David:
Hat das auch etwas mit der Wiederkehr Christi zu tun? Mit dem Christus-Bewußtsein?

Lye:
Was meinst du damit?

David:
Es wird von verschiedenen Leuten und Gruppen gesagt, daß das Christus-Bewußtsein jetzt bald wieder auf die Erde kommt oder daß es schon gekommen ist.

Lye:
Das ist eine Art, das Neue Zeitalter zu sehen. Das ist die *Bedeutung* des Neuen Zeitalters. Nur: Du solltest keinen Messias außerhalb von dir selbst erwarten.

David:
Also, es passiert nichts auf einer persönlichen Ebene, wie das Erscheinen eines personifizierten Lehrers, sondern es bedeutet nur etwas, was in jedem einzelnen von uns auftaucht?

Lye:
So ist es. So wirst du es sehen. Wenn du es verstehen willst, lese über das zweite Kommen, das ist die Bedeutung.

David:
Wo kann ich darüber lesen?

Lye:
In den allerersten Quellen.

David:
In der Bibel, oder was meinst du?

Lye:
Genau, das ist der Wegweiser. Aber lies sie mit Skepsis. Es war die falsche Betrachtungsweise des Humanismus, zu sagen, daß du einfach Gott in jedermann sehen kannst, daß Gott herunterkommt auf die Erdebene. Statt dessen muß jeder sich höher entwickeln, bis er die göttliche Ebene erreicht, nicht umgekehrt. Nicht, daß Gott herunterkommt auf die niedere Ebene der menschlichen Gedanken, wie sie heute sind, sondern daß die Qualität des Menschen dem Göttlichen entgegengebracht wird, das ist genau der umgekehrte Vorgang. Nicht Gott zum Menschen zu machen, sondern den Menschen zu einem Gott. Geh einmal zurück zu Platos Vorstellungen der Pyramide der Werte. Am Anfang gab es Ideen, dann Seelen, und dann die Körper. Plato hat viel zu sagen, was in Realität passiert. Plato war einer der Propheten, er beschreibt die ganze Geschichte.

David:
Kannst du noch etwas sagen über die »Große Weiße Bruderschaft«?

Lye:
Da war noch eine andere interessante Frage, die du stellen wolltest, über die Kristalle.

David:
O.K. Ich kann das zuerst fragen. Vorhin sprachst du darüber, daß die Kristallkräfte die Hauptenergiequellen von Atlantis waren, und ich würde gerne etwas über die heutigen

Kristalle wissen. Einmal sagtest du, sie seien nur Spielzeuge, die wir heute benutzen. Haben sie denn überhaupt einen Wert? Können wir sie benutzen, können sie nützlich sein und auf welche Weise?

Lye:
Nur wenn ihr anfangt zu verstehen, daß jeder Organismus und du selbst ein gigantischer fließender Kristall ist, ein Halbleiter, bestehend aus anderen, noch kleineren Leitern mit verschiedenen Graden von Leitfähigkeit. Wenn ihr euch nicht so sehen könnt, dann könnt ihr keine Kristalle gebrauchen. Wenn du nicht sehen kannst, daß du wie ein Kristall aufgebaut bist, kannst du nicht mit Kristallen arbeiten. Auch das Wissen, daß du ein gigantischer Kristall bist, fließend, ein System, welches beständig schwingt, welches seine eigene Schwingung hat, läßt dich verstehen, daß du ein Teil des Ganzen bist. Sonst gibt es für dich keinen Grund, mit Kristallen zu arbeiten. Der Mensch muß die sieben verschiedenen Dichten seiner Körper verstehen, um die Verbindung zu diesen Körpern zu haben. Mit dem physischen Körper, welcher der solide ist, dem fluidalen, dem der luftigen Beschaffenheit, und auch die Dualitäten des Ätherleibes, die subätherische, die subatomare und die atomare Kondition. Dies sind die sieben Grade von Dichte. Und als letztes das Verstehen des mentalen und des astralen Leibes. Sonst hat es keine Bedeutung, mit Kristallen zu arbeiten, nicht, weil Kristalle keinen Wert haben, sondern weil die, die Kristalle benutzen, nicht das Verstehen haben.

David:
Das bedeutet, daß erst wenige dazu in der Lage sind, sie zu benutzen.

Lye:
Genau. Übrigens, wie ich schon erklärte, waren die Kristalle selbst unterschiedlich in Atlantis. Vielleicht erinnerst du dich, es sei denn, du möchtest, daß ich dir nochmals darüber berichte.

David:
Ich möchte nur noch eine Frage zu den anderen hinzufügen, denn ich bin sehr interessiert an den Kristallen, die in verschiedenen Ruinen und Tempeln gefunden wurden und über die gesagt wird, daß sie von Atlantis stammen und daß sie von dem Großen Atlantidischen Kristall gemacht wurden. Kannst du etwas dazu sagen, etwas über die Bedeutung der Kristall-Schädel?

Lye:
Sie wurden nicht von diesem Zentralen Kristall gemacht. Sie wurden von anderen Kristallen aus Atlantis gemacht, aber nicht vom Zentralen. Der ist anderswo und zu einem bestimmten Zeitpunkt wird er wieder hochkommen auf die Erdebene.

David:
Gibt es etwas, was wichtig für uns sein wird in der nächsten Zukunft?

Lye:
Sehr viel. Diese kleinen Dinge, über die du mich vorher gefragt hast, sind sehr wichtig für das energetische Gleichgewicht auf der Erdebene in diesem Moment.

David:
Die kleinen Dinge?

Lye:
Die Schädel.*

David:
Kannst du erklären, was die Akasha-Chronik ist? Können wir uns mit unserem menschlichen Verstand vorstellen, was die Akasha-Chronik ist? Kannst du es uns erklären?

Lye:
Es ist etwas, was grundsätzlich euer menschlicher Verstand nicht verstehen kann. Es ist ein anderer Existenz-Zustand, eine andere Dimension von Existenz, in der ätherischen Ebene. Dort befinden sich die akashischen Aufzeichnungen. Es ist etwas, was geschrieben und gedruckt ist auf Stöcken.

David:
Stöcken?

Lye:
Die parallel zueinander verlaufen. Stöcke, die Quadrate bilden. Um dir ein Beispiel zu geben, würde ich vorschlagen, ein Kunstwerk des Minimal-Künstlers Donald Jadd zu betrachten. In seinem Originalwerk machte er eine Serie von Symbolen wie Vierecke, eins neben dem anderen. Das ist etwas sehr Einfaches. Aber es ist nicht ganz genauso. Es ist etwas, was gedruckt ist und gleichzeitig fließend. Doch auch dieses Fließen ist eingedruckt. Es ist wie ein Computerprogramm mit allen Arten von offenen Möglichkeiten. Es ist etwas, worin alles aufgezeichnet ist.

* Anmerkung des Interviewers: In verschiedenen Tempeln und Ruinen Süd- und Mittelamerikas wurden Kristallschädel unbekannter Herkunft gefunden, die, aktiviert wie ein historischer Computer, Bilder aus vergangenen Zeiten zeigen sollen.

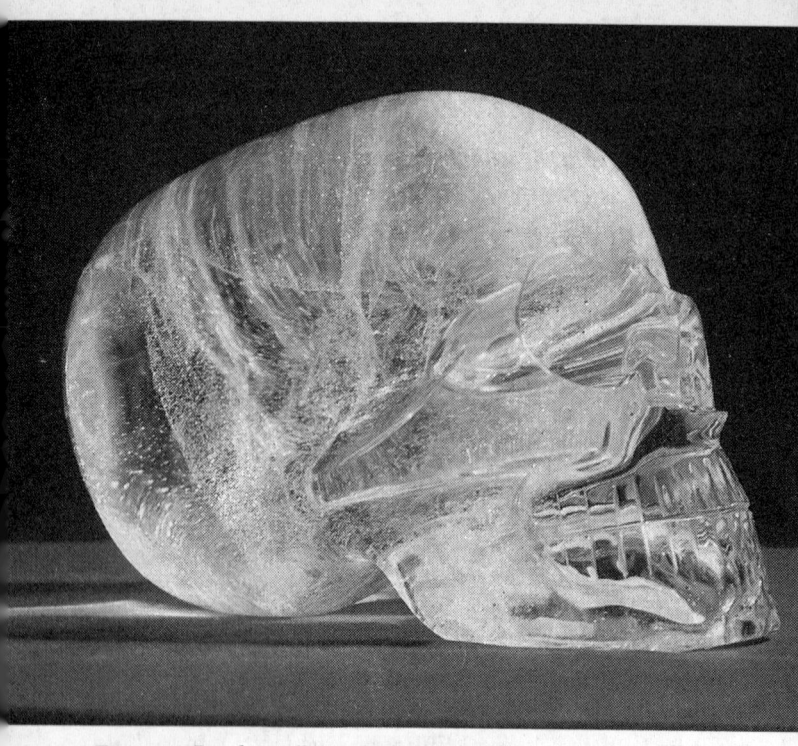

Ein aus Bergkristall geschliffener Schädel aus dem Londoner
»Museum of Mankind«. Wurde er in Atlantis zu rituellen Hand-
lungen verwendet?

Aber nicht mit der Vorstellung von Begrenzung, sondern von Fließen. Das ist die Dimension des Seins. Also, vergiß nicht, über der Erdebene gibt es noch sechs Dimensionen, doch nur vier sind zu verstehen. Verstehe die Begrenzung des menschlichen Verstehens.

David:
Ich möchte dir gerne noch einmal die Frage nach der »Großen Weißen Bruderschaft« und den davon stammenden Meistern stellen. Kannst du noch etwas darüber sagen? Arbeitest du mit ihnen zusammen? Wie ist deine Beziehung zu ihnen?

Lye:
Wie ich dir gesagt habe. Es gibt verschiedene Reiche. Aber ich habe es persönlich übernommen, diese meine Aufgabe auszuführen. Diese Bruderschaft hat mit einer dieser Ebenen zu tun und arbeitet exzellent. Für das Erkennen des Ursprungs ist ihre Arbeit wichtig.

David:
Arbeitest du alleine oder mit einer Gruppe deines Reiches?

Lye:
Selbstverständlich arbeiten wir alle zusammen, es ist unmöglich für uns, isoliert zu arbeiten. Isolation gibt es für uns nicht. Es gibt nur Koexistenz und Zusammenarbeit.

David:
Gibt es irgendeine besondere Sache, die in Deutschland stattfinden wird, die für unsere Leser jetzt wichtig ist zu wissen?

Lye:
Viele Dinge. Es ist der Alte Kontinent. Die arische Rasse
hat ein schlechtes Karma. Es wird eine große Verände-
rung stattfinden, eine Reaktion zwischen den nuklearen
Reaktoren. Ich möchte euch jetzt nicht mehr darüber mitteilen. Aber vor allem schreibe deinen Leuten, daß es keinen Grund gibt, Angst zu haben. Die Schlüssel und die
Führungen sind gegeben, und Gottes Liebe führt alles.
Vertrauen und Liebe, das ist es, was die Welt zu lernen
hat in den folgenden zehn Jahren. Ihr werdet darin helfen
durch die Meditationen, die ihr organisiert, wie Earth-
Link. Ich werde dasein und mit euch für die Wiederverei-
nigung mit Gottes Liebe eintreten. Gottes Liebe ist fähig,
jede Katastrophe abzuwenden, das Paradies im Herzen
eines jeden Menschen zu erschaffen. Es gibt keinen
Grund, Angst zu haben. Es ist Raum für Liebe da und
Zeit für die Entwicklung des Bewußtseins. Das ist die
Bedeutung. Möchtest du noch etwas fragen?

David:
Nein, danke.

Lye:
Endlich werden all diese Prozesse als Resultat haben, daß
sich die Energien der Chakren der Erde wieder bewegen
werden; genau wie die der menschlichen Wesen. Ihre
Körper werden verstehbar und sichtbar werden, wie in
der Akupunktur zum Beispiel, wo gemäß des Songai-
Systems 700 Punkte des Körpers als *die* Punkte angesehen
werden, an denen die Lebensenergien sind. Diese Art von
Punkten wird auf den Körpern der Menschen auftauchen, nicht nur auf dem physischen Körper. Und dann
wird verstanden werden, daß es Bewußtsein ist, was in

Form von Energie projiziert wird. Bewußtsein erschafft die Energie, Bewußtsein, das mit der Seele identifiziert ist. Die Vorstellungen von Plato als die »Front der Ideen«. Oder wie Johannes, der Evangelist, sagt: Am Anfang war das Wort. All das, all diese Wahrheit wird wieder eins werden mit deinem Wesen, du wirst wieder zurückkommen zu deinem authentischen Zustand. Das ist die Bedeutung dieses Zeitalters, das nun kommt. Ich möchte auch, daß du über die Liebe schreibst, über meine Liebe für alle Menschen. Ich meine, *Seine* Liebe. Denn ich bin einfach nur ein Kind Seiner Liebe. Segen und Liebe für alle menschlichen Wesen. Danke!*

* Kontakte zu Julie für private »Channelling«-Konsultationen stellt der Journalist David Luczyn, Auf dem Mühlberg 50, in 6 Frankfurt 70, her. Telefon 069/626493.

Thot – ein genialer Gott

Die Theorien des Peter Krassa

Immer wieder wird im Zusammenhang von Atlantis behauptet, daß dieser Kontinent im Laufe seiner langen Geschichte nicht nur ein Einwanderungsland beispielsweise der unter klimatischen Veränderungen leidenden Hyperboreer gewesen ist, sondern daß Atlantider übers Meer in andere Regionen der Welt ausgewandert sind. So seien zur Überwindung größerer Strecken drei Brückenköpfe eingerichtet worden: Ultima Thule auf Island, Hybernia auf Irland und Iberien auf der spanischen Halbinsel. Hier seien, so sagen viele Medien, große Siedlungen gegründet worden, wobei die Atlantider ihr Augenmerk auf unterirdische Anlagen richteten, für deren Konstruktion sie offenbar ihre Spezialisten hatten. Als erste Gruppe hätten die gelbhäutigen Turanier Atlantis in Richtung Zentralasien verlassen. Vorderasien sei das Ziel der Semiten und Sumerer gewesen. Gleichzeitig hätten sich die roten Tolteken nach Westen zum heutigen amerikanischen Kontinent in Marsch gesetzt.

Alle diese Bewegungen, der historischen Völkerwanderung vergleichbar, hätten sich in Zeiträumen von über tausend Jahren vollzogen. Zwei Hauptreisewege seien festgesetzt worden. Die hellhäutigen Menschen, darunter auch Wesen mit einer bläulichen Hautfarbe, seien ins

Folgende Abb.: Spuren von Atlantis sollen ins alte Ägypten führen, das ein Einwanderungsland gewesen ist. Hier ein islamischer Friedhof vor den Pyramiden von Gizeh.

heutige Europa gezogen, um dann in Höhe des achtundvierzigsten Breitengrades nach Osten abzubiegen. Die dunkleren Menschen seien über Spanien, Nordafrika und Vorderasien bis Zentralasien vorgestoßen. Die Führer der Atlantider hätten sich das Hochland von Tibet und die Gobi ausgewählt, die damals noch Grünland und keine Wüste gewesen sein soll.

Die Kultivierung der außer-atlantidischen Welt soll nach einem genauen Plan verlaufen sein, so daß geologisch und geomantisch wichtige Gebiete wie fruchtbare Ebenen und Flußniederungen bereits vorher als Siedlungsgebiet festgelegt worden waren. In diesem Zusammenhang sei auf die späteren Hochkulturen an Euphrat und Tigris, an Indus, Ganges und Nil hingewiesen.

Der österreichische Autor Peter Krassa bringt in die Atlantis-Diskussion den ägyptischen Gott »Thot« ein, der identisch zu sein scheint mit dem geheimnisvollen Philosophen Hermes Trismegistos. Ein »Weiser aus Atlantis«?

Herr Krassa, in Ihrem Buch »Licht für den Pharao«* versuchen Sie zu beweisen, daß die alten Ägypter schon elektrisches Licht kannten und durchaus in der Lage waren, funktionierende Glühbirnen zu entwickeln. Kam ihr Wissen möglicherweise von einem anderen Kontinent, nämlich von Atlantis?

Ägypten ist ein Land, in dem überlebende Atlantider eine Kultur gegründet haben könnten. Einer der berühmtesten Kulturträger, der als Gottheit angesehen wird, war Thot. Er gilt in der ägyptischen Mythologie als Gott der Wissenschaften, als Schreiber der Götter, und ist auch im

---

* 2000 – John-Fisch-Verlag, Luxemburg.

berühmten Totenbuch verzeichnet. Seine wahre Herkunft ist unbekannt. Angeblich wurde er in einem fernen Land des Westens, in einer Stadt am Rande des Meeres nahe zweier Vulkane geboren. Eines Tages soll sich in Thots Heimat die Sonne verfinstert haben, und er selbst und alle Götter – wen immer man darunter verstehen mag – seien in Furcht geraten, und nur der kluge Thot habe die Fassung behalten, um sich aus dem zum Untergang verdammten Gebiet in ein Land im fernen Osten zu retten. Um es zu erreichen, so wird weiter berichtet, seien sie gezwungen gewesen, das Meer zu überqueren. Also auch hier eine Anspielung, die durchaus an den Untergang von Atlantis denken läßt, und möglicherweise war dieser Thot, der sogenannte Gott der Wissenschaften, ein hochgestellter Atlantider.

Thot könnte ja auch ein Synonym sein für Hermes Trimegistos, der ja auch im Dunkel der Geschichte nicht ganz auszumachen ist, obwohl er als Begründer der hermetischen Philosophie das abendländische Denken beeinflußt hat. Noch heute sagen wir, daß ein Gefäß oder ein Raum hermetisch abgeschlossen ist. Hermes ist also ein Eingeweihter gewesen, der aus Atlantis gekommen sein kann?

Ja, durchaus. Ich möchte auch auf Helena Petrowna Blavatzky hinweisen, die bedeutendste Okkultistin des neunzehnten Jahrhunderts, die in ihrem Hauptwerk »Geheimlehre« von mehreren Wurzelrassen spricht, von denen einige auf grausame Weise ums Leben gekommen sein sollen, nachdem es in ihrer Heimat zu einer Katastrophe gekommen war. Auch hier könnte man eine Anspielung auf den Untergang von Atlantis sehen. Wenn man nur historisch auf die Berichte von Platon zurückgreift, gibt es eigentlich keinerlei Hinweise auf eine technologisch hochstehende atlantidische Gesellschaft. Man muß also hier wirklich auf die sogenannten Geheimlehren zurückgreifen, die sicher einen wahren Urkern enthalten.

Ich denke auch, daß man alle Quellen nutzen sollte, um der Wahrheit so nahe wie möglich zu kommen. Zurück zu Thot, dessen Existenz Sie ja während Ihrer Recherchen in Ägypten besonders beschäftigt hat. Könnte er nicht einer der Begründer der ägyptischen Hochkulturen gewesen sein?

Mit Sicherheit. Es gibt nämlich noch einen weiteren Bericht über Thot in den legendären Erinnerungen aus dem alten Ägypten. Diese Gottheit, so heißt es darin, sei eines Tages von Mitleid mit der Menschheit erfaßt worden, die damals ohne Kenntnis der Gesetze und ohne jegliches Wissen gelebt habe. So kam Thot auf die Erde, lehrte sie die Geheimnisse der Wissenschaft, vermittelte ihnen Religion, Kunst und Musik, brachte ihnen bei, ihre Gedanken niederzuschreiben, die Sterne zu beobachten, die Lyra zu spielen, Krankheiten zu heilen und die Metalle zu schmelzen.

Nach Aussagen über Medien sollen ja weise Atlantider – lange vor dem möglichen Untergang ihres Kontinents –, einem alten Gesetz folgend, in die Welt hinausgezogen sein, um den Ureinwohnern früherer Kontinente so etwas wie geistige Entwicklungshilfe zu leisten. Es ist eine reizvolle Idee anzunehmen, daß der Same für Atlantis durchaus von einem fernen Sternenvolk gepflanzt worden sein könnte, das sich von einer idealen menschlichen Gesellschaft auf diesem Planeten viel versprach. Über Thot und seine Mitreisenden hätten dann die Ureinwohner Ägyptens einen kulturellen

und technischen Schub ungeahnten Ausmaßes erhalten.
Kein Wunder, daß sie ihn als Gott einstuften.

Von Thot gibt es ja in den ägyptischen Museen viele imposante Darstellungen. Alle Symbole, die sich um diese rätselhafte Persönlichkeit ranken, sind gewiß nicht zufällig entstanden. Sie verraten Zweck und Bestimmung. Bleiben wir doch gleich einmal bei den offenkundig medizinischen Kenntnissen des Thot. Immer noch gilt die Darstellung eines Stabes mit zwei Schlangen und einem geflügelten Hut als Symbol der Ärzte. Mit diesem Stab aber ist der Schlangenstab gemeint, und er bedeutet die Verpflichtung der modernen Medizin gegenüber den Gelehrten des Altertums. Ich bin mir ganz sicher, daß dieser Hermes Trismegistos, dessen philosophische Lehren heute von den Atomphysikern bestätigt werden – ich denke da nur an den ihm zugeschriebenen Satz: Wie im Großen, so im Kleinen –, der von den Ägyptern verehrte Thot gewesen ist. Hermes bedeutet auf griechisch »Deuter« oder »Dolmetscher«. Er war als Sohn des Zeus und der Maja der himmlische Götterbote, der mit seltsamen, aber äußerst wichtigen Requisiten ausgestattet war: zwei geflügelten Sandalen, einem Flügelhelm, sowie einem geflügelten, von Schlangen umzüngelten Stab, der ihn als Boten himmlischer Mächte auswies.

In Ihrem Buch deuten Sie in diesem Zusammenhang eine mögliche himmlische Herkunft an, also schlicht einen außerirdischen Raumfahrer, der seine Überlegenheit nutzt, um ein einfaches Hirtenvolk zu kolonialisieren.

Nicht unbedingt. Die esoterischen Aussagen über Atlantis vermitteln uns ja auch das Bild einer technisch entwickelten Zivilisation, die Luftfahrt durchaus ausüben konnte. Die Verbindung des Gottes Thot zum Fliegen ist nicht zu übersehen. Nach der Sage kam er aus dem Himmel, und die Priester von Hermopolis – also auch hier der Wortstamm »Hermes« – behaupteten gar, daß Thot sich selbst gezeugt habe und einst zu Beginn aller Zeiten auf einer Lotosblume vom Himmel gekommen sei. Es gibt noch erstaunlichere Hinweise. So war den alten Ägyptern die *Säule* Trägerin und Symbol aller Wissenschaft. Thot wurde immer wieder mit dieser Säule gleichgesetzt. Wir kennen Darstellungen, auf denen Thot als Säule zu sehen ist, die eine Weltkugel oder ein Bündel von Flammen trägt. Man nannte dieses Wesen daher auch »Thot von der Säule«. Und wenn man dann noch hört, daß dieser Gott nach Beendigung seiner selbstauferlegten Mission »zu den Sternen« zurückgekehrt sein soll, dann beginnt man doch hellhörig zu werden.

Als Mitglied der »Ancien Astronaut Society« neigen Sie also doch mehr zu der Theorie ihres Chefdenkers Erich von Däniken, daß sich da raumfahrende Außerirdische auf unserem Planeten getummelt haben. Eine sicher interessante und durch viele Denkmodelle inzwischen erhärtete Theorie, die aber die atlantidische Hypothese nicht ausschließt?

Es mag so gewesen sein, wie Sie es vorher beschrieben haben. Der Same kam aus dem Kosmos, die Pflanze war eine ethisch und moralisch integre Hochkultur, die ihre Blüte in den Geisteswissenschaften erlebte. Ihre Samen trug der Wind in alle Welt. Ein schönes Bild, das unsere Phantasie beflügelt.

Sicherlich. In »Licht für den Pharao« belegen Sie ja auf sehr eindrucksvolle Weise die technischen Errungenschaften der alten Ägypter und damit auch ihre Kenntnisse zur Herstellung des elektrischen Stroms. Uralte Reliefdarstellungen im Hathor-Tempel von Dendera weisen auf diese Lichtquellen der Priester, die Elektrizität nicht nur erzeugen, sondern in Batterien wohl auch konservieren konnten. Medien berichten von ähnlichen Wunderdingen aus Atlantis.

Dies ist eben der Unterschied zum alten Ägypten. Hier sind unzählige Relikte erhalten, die eine Hochkultur beweisen. Die eindrucksvollsten sind wohl die gigantischen Tempelbauten und die Pyramiden selbst, die von einer außerordentlichen geistigen Virtuosität zeugen. Aber zurück zu Thot, der mir wirklich eine erstaunliche Gedankenbrücke zu Atlantis konstruiert, das Sie ja besonders interessiert. Die Priester von Hermopolis – jener Stadt in Mittelägypten, die zum wesentlichen Kultzentrum dieser Gottheit zählt – beschreiben Thot recht vielseitig. So sei er ein Vogel gewesen, der das kosmische Ei gelegt und auf diese Weise die geistige Welt erschaffen habe. Auch akustische Erscheinungen seien mit seinem Kommen und Gehen verbunden gewesen. Thot ist identisch mit Geb, und dieser Geb wurde von den alten Priestern als der »große Schnatterer« bezeichnet. Hat er also in unserem Sinne doch technische Fortbewegungsmittel benutzt, deren Motoren Geräusche erzeugten? Aus dem wenigen, was wir über Thot wissen, geht jedenfalls deutlich hervor, welches Universalgenie er gewesen sein muß. Ihm schreibt man im alten Ägypten die Erfindung der Sprache, der Ziffern und der Schrift überhaupt zu. Er teilte den Tag in zwölf Stunden ein, lehrte die Menschen rechnen und schreiben, lehrte die Felder zu vermessen und den Körper zu erkennen. Er bestimmte die Nahrung und die Gymnastik und widmete sich intensiv Handel und Verkehr. Thot und der uns Abendländern besser vertraute Hermes Trismegistos – für mich ein und dieselbe Person – hatte auch Fähigkeiten als Astrologe und Astronom. Er galt, wie schon gesagt, auch als »Schreiber der Götter«, weil er die Hieroglyphen lesen und schreiben konnte und die »Gottesworte« beherrschte, mit denen wohl die geheimen Formeln der Wissenschaft gemeint waren. Man fürchtete ihn als den »Zeitenmesser«, weil er angeblich imstande gewesen sein soll, kraft seiner Kenntnis der »schöpferischen Sprache« alles »nach seinem Willen« entstehen zu lassen. Von den alten Priestern aus Hermopolis ist uns sogar überliefert, Thot habe sich einst selbst erzeugt. Da alle Mythen und Sagen bekanntlich einen durchaus realen Kern besitzen, ist es dem forschenden Leser überlassen, die Wahrheit über Thot zu erahnen, der für die damalige ägyptische Epoche, aber auch für unsere Zeit eine hochentwickelte Persönlichkeit gewesen sein muß.

Karlsruhe – die Sonnenstadt

Ein Gespräch mit dem Mikrobiologen Dr. Jens Martin Möller

Haben versprengte Atlantider am Fuße des Schwarzwaldes eine neue Heimat gefunden und ihr altes Wissen in symbolischer Sprache der Nachwelt erhalten? Wie sonst sind solche Relikte wie eine Pyramide auf dem Marktplatz, Obelisken, Sphinx-Figuren und ein Greifvogel als Stadtwappen zu erklären? Für eine mitteleuropäische Residenzstadt barocken Ursprungs ist dies durchaus nicht üblich.

War auch der legendäre Kaspar Hauser ein wiedergeborener Atlantider, der 1812 als Erbprinz des badischen Fürstenhauses auf die Welt kam, um als »Erneuerer von Geist und Kultur« als »Kind Europas« anzutreten? Schicksal und Ende des berühmten Findelkindes sind umstritten. Möglich ist freilich, daß dieser hochentwikkelte Geist als Gefahr für bestimmte Kreise angesehen und deshalb lebenslänglich eingekerkert wurde. Diese Mißhandlung eines Menschen muß in Kenntnis der Reinkarnationslehre vorgenommen worden sein, denn wäre Hauser gleich nach seiner Geburt getötet worden, hätte er ja in anderer Gestalt gleichsam sofort sein Werk fortsetzen können.

Karlsruhe wurde offenbar von seinen frühen Siedlern als ein Ort der Kraft erkannt, als Schnittpunkt geomantischer Linien, die sich wie unsichtbare Nervenstränge um diesen Globus ziehen.

Ist die Geologie die wissenschaftliche Lehre von der Erde und ihren vordergründigen Gegebenheiten, so ist die

Ein Umzug nach Karlsruhe war für den Wissenschaftler Dr. Jens M. Möller der Auslöser, sich mit der Geomantie Süddeutschlands zu beschäftigen

Geomantie die ganzheitliche, fühlende Zuwendung zur Erde und ihren Gesetzmäßigkeiten. Dieser Planet ist gewissermaßen von einem Gitterwerk bedeckt, das an seinen Schnittstellen ähnlich dem menschlichen Körper gewisse Akupunkturpunkte enthält. Das sind die heiligen Orte der Welt wie das Orakel von Delphi, Stonehenge in England, die Osterinsel, das Plateau von Gizeh, der Dom von Chartres und fast alle megalithischen Bauten. Verbindet man diese Orte auf einer Weltkarte, wird man seltsame geometrische Muster erkennen. So bildet zum Beispiel die Verbindung zwischen der alten griechischen Mysterienstätte Dodona in Nordgriechenland mit den heiligen ägyptischen Stätten Theben und Behdet im Nildelta und dem türkischen Ort Metsamor am Berg Ararat (dem Fundort eines Schiffswracks, das die Arche Noah gewesen sein soll) und wieder zurück zu Dodona ein gleichschenkliges Dreieck.

Verbindet man die Orte Dodona, die afrikanische Oase Siwa – ein früheres Ammonorakel – mit Theben, Behdet und Dodona, so erhält man eine Konstruktion, die genau dem Sternbild »Argo« entspricht, in dem durch eine gedachte Linie die Fixsterne Argus, Avior und Canopus verbunden sind und das die Heimat der sogenannten »Argonauten« sein soll, Reisende, die nach alten Texten »von den Sternen kamen«.

Auch Karlsruhe liegt auf einem solchen geomantischen Schnittpunkt, den man erst heute mit den Mitteln moderner Landvermessung und Satellitenfotografie erkennt.

Wie aber haben die Menschen prähistorischer Zeiten diese heiligen Orte ausgemacht? Halfen ihnen außerirdische Astronauten, die später als »Göttersöhne« in die Geschichte der Welt eingegangen sein sollen, oder ein altes Wissen, das in Atlantis kultiviert wurde?

Der 1942 geborene Mikrobiologe Dr. Jens Martin Möller ist aus beruflichen Gründen von Kiel nach Karlsruhe gekommen. Die geheimnisvolle Geschichte seiner neuen Heimat hat ihn dazu gebracht, Ursprünge und momentane Situation zu erforschen und zu beschreiben. In der »Kosmosophischen Gesellschaft« hat er inzwischen gleichgesinnte Mitstreiter versammelt, die akribisch die Energiezentren der Erdoberfläche orten und den Nachweis erbringen wollen, daß dieser Planet in prähistorischer Zeit von einer geistigen Intelligenz bewohnt war, die dem heute wieder angestrebten holistischen Weltbild verpflichtet gewesen ist und damit Kosmos und Mensch als Einheit sah. Möller, der neben geologischen und geomantischen Aspekten auch mediale und mystische Aussagen berücksichtigt, kann sich sehr wohl mit der Theorie anfreunden, daß frühere Bewohner von Atlantis zwischen 1940 und 1951 wiedergeboren wurden, um die alten Strukturen dieser Welt aufzuarbeiten und möglicherweise zu verbessern. Das folgende Gespräch wurde in Luxemburg protokolliert.

Herr Dr. Möller, hat Atlantis eine historische Wirklichkeit, oder müssen wir es mehr als ein Denkmodell sehen, als eine Art Parabel zu unserer Wirklichkeit?

Atlantis ist ein Mythos, der in unsere Gegenwart hineinwirkt. Es gibt viele konträre Meinungen darüber, und es gibt viele Theorien von der historischen Atlantis-Forschung bis hin zu den Geheimlehren von Madame Blavatzky und Rudolf Steiner. Aus allem geht hervor, daß es einen sagenumwobenen Kontinent gegeben haben soll, eben jenes Atlantis, das dem heutigen Atlantischen Ozean auch seinen Namen gegeben hat und in etwa da lag, wo heute die Azoren sind, bis hin vor die afrikanische Küste. Ein riesiger Kontinent, dessen Spuren in Europa und in der übrigen Welt auch heute noch auffindbar sind für jeden, der sich auf die Suche macht.

Mystiker der Neuzeit behaupten, daß in der Gesellschaft von Atlantis vieles verkehrt gemacht wurde und durch selbstverschuldete Umweltkatastrophen und den falschen Einsatz von technisch beherrschten Energien schließlich die Katastrophe ausgelöst wurde. Könnte man so formulieren, Dr. Möller, daß mit Atlantis die Menschheit ihre erste große Chance gehabt hat?

Es sieht so aus, als ob etwas verkehrt gemacht wurde. Auch da gibt es verschiedene, sich teilweise widersprechende Theorien über den Untergang von Atlantis. Wenn Sie in der entsprechenden Literatur einmal nachsehen, werden Sie feststellen, daß dieser Kontinent einige tausend Jahre existiert haben soll, zweihunderttausend Jahre vor der Zeitrechnung bis etwa zehntausend Jahre vor Christi Geburt, da die Reste von Atlantis untergegangen sein sollen. Dies hängt mit der Mondan-Astrologie zusammen, nach der genau gegenüber dem Beginn des heutigen Wassermann-Zeitalters der Wechsel vom Jungfrau- zum Löwen-Zeitalter stattgefunden hat. Das sind die geheimwissenschaftlichen Erklärungen, es gibt aber auch ganz vordergründige Hypothesen, die zusammenhängen mit kosmologischen und erdgeschichtlichen Veränderungen, so daß wir davon ausgehen können, daß Atlantis in den Mythen weiterlebt, aber auch naturwissenschaftliche Kriterien immer wieder herausfordert, die natürlich weitaus schwieriger zu überprüfen sind.

Wenn ich mich ab dem heutigen Tag mit der Literatur über Atlantis beschäftigen könnte, würde mein restliches Leben nicht ausreichen, die etwa 25 000 Bücher zu lesen, die darüber bisher erschienen sind. Wenn es dieses Atlantis überhaupt gegeben haben sollte, historisch nachweisbar oder nur als philosophische Struktur, was hat es dann mit unserer Gegenwart zu tun?

Es gibt verschiedene Strukturen, die sagen, daß die Atlantider, wie die Lebewesen von Atlantis genannt werden, die Naturkräfte mißbraucht haben und daß zusammen mit kosmischen Katastrophen, die mit Gestirnen des Sonnensystems zu tun haben, der Untergang ausgelöst wurde. Da gibt es zwei wissenschaftliche Ansätze: Es ist möglich – und dies wird auch diskutiert –, daß die Atlantider über so etwas wie Atomkraft verfügt haben und daß sie durch deren Mißbrauch zur Zerstörung ihres Kontinents beigetragen haben. Auf der anderen Seite wird überlegt, ob nicht die Kräfte umgestaltet wurden, die mit den Gesetzen der Schwerkraft zusammenhängen. Diese Theorie ist wahrscheinlicher, da man davon ausgehen muß, daß menschliche Lebewesen vor hunderttausend Jahren in ganz anderen Bewußtseinszuständen lebten als heute.

Es heißt, daß Menschen, die zwischen 1940 und 1951 mit der Blutgruppe 0 geboren wurden, reinkarnierte Atlantider sind. Und nach einem kosmischen Gesetz heißt es ja: Try it again, versuche es einfach noch mal, wenn etwas schiefgelaufen ist. Dies gilt nach der Karma-Idee für unser eigenes persönliches Leben, aber auch für die Existenz eines Volkes, einer Epoche oder eines ganzen Planeten.

Darüber haben wir uns ja schon auf den Basler PSI-Tagen unterhalten. Ich bin von Hause aus Biologe und habe damals in einem Buch über Genetik nachgesehen. Da war zu lesen, daß in einigen europäischen Ländern etwa dreißig Prozent der Einwohner die Blutgruppe o – also die der angeblichen Atlantider – hat. Das Interessante für mich aus diesem klassischen Lehrbuch der Genetik von Bresch ist, daß die Hochland-Indios in den südamerikanischen Anden zu hundert Prozent die Blutgruppe o haben.

Also eine Region, in der es geheimnisvolle Tempelstädte gibt, Pyramiden unbekannter Herkunft und vor fünfhundert Jahren auch eine kulturell hochstehende Zivilisation. Schon Thor Heyerdahl hat ja mit seinem Papyrusfloß nachgewiesen, daß mit Hilfe von Meeresströmungen Reisen zwischen dem afrikanischen und dem amerikanischen Kontinent durchaus auch in prähistorischer Zeit stattgefunden haben können. Medialen Aussagen ist zu entnehmen, daß Atlantis wohl schon immer sowohl ein Einwanderungs- als auch ein Auswanderungskontinent gewesen ist und seine Bewohner ihr Wissen als Heiler, Philosophen und Baumeister in ihre neue Heimat eingebracht haben. Die atlantidische Zivilisation soll über hunderttausend Jahre existiert haben. Dr. Möller, Sie haben vorhin von »Wesen« gesprochen, und es ist wohl anzunehmen, daß die Atlantider nicht Menschen sind wie Sie und ich, die sich jetzt biologisch präsentieren.

Das ist richtig. An dieser Stelle sollte ich einmal die geheimwissenschaftliche Theorie – ich sage bewußt: *Theorie* – der Menschheitsentwicklung kurz vorstellen, die in der Theosophie und auch in der Anthroposophie gebräuchlich ist und vorstellbar scheint. Dies setzt allerdings voraus, daß wir das heutige naturwissenschaftliche Paradigma (Denkmodell. d. Red.) der Entstehung des Geistes aus der Materie *umkehren*. Materie ist danach aus geistigen Dimensionen entstanden, und nur so wird vorstellbar, wie sich die Menschheitsgeschichte entwickelt hat. Nach dieser Geheimlehre hat es verschiedene Wurzelrassen gegeben, die im Laufe der Involution, d. h. der Weg des Geistes in die Materie, sich entwickelt haben. Danach hat es zunächst in der Region des Nordpols die polarische Wurzelrasse gegeben; nach den Geheimlehren in einer nichtkörperlichen Existenz. Das hängt auch mit den klimatischen Zuständen an den Polen zusammen. Wir kommen damit ganz stark in die Nähe der Welt-Eiszeit-Lehre von Hörbiger aus den dreißiger Jahren. Nach dieser polarischen Wurzelrasse soll es dann die Hyperboreer gegeben haben, die Menschen jenseits der Nordwälder, jenseits des kalten Nordwindes. Hier rührt im übrigen auch ein wenig der Mythos von den Apollo-Sagen der griechischen Orakelstätten in Delphi und Delos her. Nach dieser Wurzelrasse der Hyperboreer kam dann die nachfolgende Wurzelrasse des sagenumwobenen Kontinents Lemuria. In der Biologie werden noch heute Halbaffen Lemuren genannt, Wesen, die oft an Domen und Kathedralen als merkwürdige Fratzenwesen dargestellt sind. Nach diesen Hyperboreern und Lemuren hat dann die Wurzelrasse der Atlantider existiert, wie gesagt vor zweihunderttausend Jahren bis etwa zehntausend Jahre vor unserer Zeitrechnung.

Geheimlehren, sind das mündlich überlieferte Berichte oder haben sie irgendwo als Symbole ihren Niederschlag gefunden?

Das sind mündlich überlieferte Berichte insofern, als die Entstehung der Menschheit ein Mythos ist, und die Mythen sind die Berichte darüber, weil eben die Erinnerung daran fortlebt und die Menschheit sich – oft unbewußt – wieder an ihre Urzustände erinnert, so wie jeder Mensch die Evolution des Menschheitsgeschlechtes in seiner Embryonalentwicklung nachvollzieht.

Herr Dr. Möller, dies würde bedeuten, daß alle unsere Mythen, unsere Sagen aus einer fernen, realen Existenz stammen. Und alle die Helden, die unsere Phantasie bevölkern, und den Götterhimmel der Griechen und Römer hätte es dann wirklich gegeben?

So ist es. Ich bin von meiner Erziehung und Ausbildung her Biologe und Bakteriologe, und ich habe lange Zeit gebraucht, um begreifen zu können, daß all die Göttergeschichten der Antike tatsächlich einen realen Hintergrund haben. In allen Erzählungen der Völker wird ja immer wieder von Riesen berichtet. Die Hyperboreer sollen solche Riesen gewesen sein, Geschöpfe, die sehr viel größer gewesen sind als wir heute. Ich erinnere in diesem Zusammenhang daran, daß auf der Osterinsel beispielsweise diese merkwürdigen Steingiganten zu finden sind mit einem Gesicht, das ich persönlich »atlantoid« nenne. Und diese Gesichter können Sie in allen Mysterienstätten der Erde wiederfinden, bei uns in der Nähe an den Externsteinen und auch im Harz.

Die Lemurier, Hyperboreer und Atlantider müssen diesen Hypothesen nach fast zweihunderttausend Jahre lang als intelligente und vernunftbegabte Wesen einen Teil der Erde bevölkert haben, lange vor dem Auftauchen des Croma-

gnon-Menschen, der nach der Evolutionstheorie unser Vorfahre ist. Damit würde ja die Lehre Darwins zu den Akten gelegt werden können?

Der Darwinismus wird heute von den Naturwissenschaftlern in zunehmender Weise in Frage gestellt, so daß er im Grunde genommen nur eine *mögliche* Form der Erklärung der Evolution darstellt. Der Darwinismus im klassisch verstandenen Sinne basiert ja auf der Vorstellung, daß der Geist des Menschen sich im Laufe der Evolution aus dem Körper entwickelt hat. Und dies ist, wenn man strikt darüber nachdenkt, unvorstellbar, wie sich Materie im Laufe der Evolution einen Geist schaffen soll. Das wäre genau so, als wenn ein Gesetz im Deutschen Bundestag aus sich heraus entsteht und nicht in den Köpfen der Abgeordneten. Und so, wie wir akzeptieren, daß ein Auto, eine Tasche oder ein Haus zuerst einmal auf einem Plan existieren, das heißt auf der mentalen Ebene, genauso müssen wir das für die Welt akzeptieren. In diesem Falle nur von einem unvorstellbar größeren Geist.

Sir Karl Popper und der Gehirnforscher John Eccles haben zusammen das Buch geschrieben »Das Ich und das Gehirn«. Und eigentlich sagt dieser Titel ja schon aus, daß das Ich außerhalb des Gehirns steht und das Gehirn eigentlich erschaffen hat.

Eccles ist Nobelpreisträger, einer der bedeutendsten Neurologen und Physiologen unserer Zeit. Im Grunde genommen erkennt er konträr zum herrschenden Paradigma an, daß das Ich und das Gehirn zweierlei ist. Wir kommen immer wieder auf die alten Theorien zu sprechen, daß der Mensch eine Wesenheit ist, die sich unabänderlich und unveränderlich fortentwickelt und sich im Sinne der Reinkarnation auf diesem Erdenplane immer wieder zeigt. Ich darf an Ihre Ausführungen vorhin anschließen, daß sich in den Jahren 1940 bis 1951 sehr viele Wesenheiten aus Atlantis reinkarniert haben. Es wird auch in vielen medialen Durchgaben immer wieder gesagt, daß der Geist von Atlantis wiederkehrt.

Atlantis soll im Laufe seiner Geschichte über Großstädte verfügt haben, über eine geheimnisvolle Kristalltechnologie, und sogar Luftfahrt soll möglich gewesen sein.

Davon habe ich noch nichts gehört, aber das ist durchaus wahrscheinlich bei den vielen Dingen, die über Atlantis berichtet werden. Aber ich weiß, daß die Theorie besteht, daß die Atlantider über die Möglichkeit verfügten, die Schwerkraft aufzuheben. Im Grunde genommen kann man sich auch nur so vorstellen, wie alle die Megalithbauten zustande gekommen sind, die nach dem Untergang von Atlantis überall in Europa errichtet worden sind: Stonehenge, die Externsteine, die Menhire in der Bretagne, Heiligtümer in Schottland. Nicht zu vergessen die ägyptischen und südamerikanischen Pyramiden und viele andere derartige Bauten auf der ganzen Erde, bei denen sich die heutigen Ingenieurwissenschaften fragen, wie es möglich war, vor einigen tausend Jahren Felsblöcke von siebzig bis hundert Tonnen zu bewegen. Ich glaube, daß es kein heutiges Ingenieurbüro schaffen würde, solche gigantischen Felsblöcke so präzise nach mathematischen und astronomischen Voraussetzungen zu plazieren, wie es bei der Cheops-Pyramide und anderen Bauten der Fall gewesen ist.

Nun sagt natürlich die orthodoxe Wissenschaft, daß es
Naturgesetze gibt, die man nicht so einfach aufheben kann,
wie hier die Schwerkraft. Aber da hat kürzlich der Physiker
und Nobelpreisträger Gerd Binnig, zu dessen Forschungsge-
biet die Naturgesetze gehören, gesagt, daß er sie nicht nur
der physischen, sondern auch der geistigen Welt überordnet.
Er hält sie aber für ebenso vergänglich wie alles andere auf
der Welt. Kurzum, meint er, alles verändert sich, warum
nicht auch die Naturgesetze?

Das ist eine mögliche Erklärung. Ich möchte den Magne-
tismus und die Elektrizität als Beispiel anführen. Im Mittelalter konnte sich kein Mensch vorstellen, daß es zu
Beginn des zwanzigsten Jahrhunderts eine Kraft geben
würde, die in der Lage wäre, riesige Turbinen anzutreiben,
Licht zu erzeugen oder Dosenöffner zu bewegen. Das
heißt, im fünfzehnten Jahrhundert hatte man keine
Ahnung davon – mit Ausnahme von einigen Genies wie
Leonardo da Vinci –, was es an faszinierenden Möglichkeiten vierhundert Jahre später geben würde. Wir brauchen nur daran zu denken, daß auf einem Tonband die
kleinen Teilchen nach der Tonfrequenz geordnet werden
und damit Musik konserviert wird. Warum soll es ähnliche uns unbekannte physikalische Möglichkeiten nicht
auch in Atlantis gegeben haben, zumal alle alten Schriften
bei der Zerstörung antiker Bibliotheken wie der von Alexandria vernichtet worden sind?

In einer medialen Durchgabe über Atlantis heißt es, daß die
Aufhebung der Schwerkraft mit dem Lebensgeheimnis der
Pflanzen zu tun haben soll. Die Atlantider sollen dieses
Geheimnis gelöst und auf diese Weise die Schwerkraft über-
wunden oder wenigstens teilweise gemeistert haben. Eine

diesbezügliche dunkle, esoterische Überlieferung stellt
Geduld und Vorstellungsvermögen des heutigen Menschen
auf eine harte Probe: Demnach gab es durch pflanzliche
Keimkraft betriebene atlantidische Luftfahrzeuge, die aller-
dings nur eine Höhe von dreiunddreißig Metern erreichen
konnten und somit die Berge umfliegen mußten. Sie hatten
die Form von Schiffen und bestanden aus einem leichten
Metall, vielleicht Aluminium. Soweit das Zitat. In Karls-
ruhe, Herr Dr. Möller, steht auf dem Marktplatz eine Pyra-
mide, wie kommt sie dahin, und was hat sie zu bedeuten?

Sie stand seit 1807 dort in einer hölzernen Form, wurde
dann 1825 in Stein gesetzt, hat eine Höhe von etwa sechs
Metern und steht auf einer Basisplattform von elf mal elf
Metern. Wie kommt die Pyramide auf den Marktplatz
von Karlsruhe? Das haben wir uns in der »Kosmosophischen Gesellschaft« auch gefragt, und eigentümlicherweise hat mich das schon sehr früh interessiert, als ich aus
beruflichen Gründen 1971 in diese Stadt kam. Karlsruhe
ist in jeder Form eine merkwürdige Stadt, deren Aufbau
mich sehr bald faszinierte. Man nennt sie auch die
Fächerstadt, die um den Schloßturm herum zweiunddrei-
ßig Strahlen hat. Nach Süden hin, zum Schwarzwald, öffnet sich der sogenannte Karlsruher Fächer, der eigentlich
gar kein Fächer ist, sondern ein Neunzig-Grad-Segment
mit insgesamt neun Straßen, von denen sieben Namen
aus der christlichen Mystik haben: zum Beispiel die Rit-
terstraße, die Lammstraße oder die Kreuzstraße. Auf dem
Marktplatz im Zentrum dieses Fächers steht nun die
Pyramide, die mich eigentlich neugierig gemacht hat auf
die Gesamtthematik Atlantis. Zum zweiten kam ein Hinweis eines befreundeten Anthroposophen aus Karlsruhe
hinzu, der mir erzählte, daß die Lammstraße zu einer

Der Marktplatz von Karlruhe mit Pyramide, Rathaus und Stadt-kirche. Die erste Pyramide wurde 1807 nach Abriß der Konkor-dienkirche über der Krypta des Stadtgründers aus Holz gebaut. Die endgültige Fertigstellung aus Stein erfolgte dann zwischen 1823 und 1825.

Orakelstätte führe. In einer exakten Entfernung von sechzehn Kilometern vom Karlsruher Schloßturm befand sich nach einer Aussage von Rudolf Steiner in prähistorischer Zeit in der Nähe der heutigen Ortschaft Malsch bei Rastatt eine spätatlantidische Sonnenorakelstätte mit einem Omphalos, dessen seltsame Steinreste in der Nähe dieses Grundstücks noch heute zu sehen sind. Dort habe der große Eingeweihte Eren oder Aren im letzten Drittel der atlantidischen Zeit im Kreise einer kleinen Schar gelehrt, um das geistige Leben aus der atlantidischen in die nachatlantidische Zeit hinüberzutragen, aus der sich dann die nachatlantidischen Kulturen entwickelt haben. An jener geweihten Stelle befindet sich noch heute im schwer zugänglichen Wald der »Modellbau von Malsch«. Als Steiner in der Karwoche 1909 die Loge »Franz von Assisi« der »Theosophischen Gesellschaft« in Malsch einweihte, vollzog er in der Nacht vom 5. zum 6. April bei Waldhaus die Grundsteinlegung mit einem hermetisch-esoterischen Ritual im kleinsten Kreise. Dieser hölzerne Modellbau bietet in seinen kosmologischen Bezügen ein Vorbild für das spätere erste Goetheanum in Dornach bei Basel und befindet sich noch heute in der Obhut eines Modellbauvereins der Anthroposophischen Gesellschaft in Karlsruhe. In bezug auf die atlantidische Menschheitsepoche und ihr geistiges Erbe ist auch hier, in dem kleinen kosmologischen Modellbau von Malsch, das Zeichen des Makrokosmos, das Pentragramm, zu finden.

Warum war sich Steiner so sicher, daß dort ausgerechnet Atlantider gewirkt haben sollen?

Bei der Grundsteinlegung dieses Modellbaues in Malsch sagte Rudolf Steiner ausdrücklich, daß die Erscheinungen der atlantidischen Zeit sich wiederholen. Damit meinte er wohl auch die astrologische Situation, den Wechsel Fische-/Wassermann-Zeitalter in unserer Epoche, der ja in direkter Opposition zum Wechsel Jungfrau-/Löwe-Zeitalter vor etwa zwölftausend Jahren steht, also am Ende der Atlantis-Epoche. Steiner war auch der Meinung, daß eine atlantidische Wesenheit ohne weitere Inkarnationen als badischer Erbprinz in Karlsruhe wiedergeboren wurde, um eine für Deutschland und Mitteleuropa wichtige Mission des esoterischen Christentums zu erfüllen. Er sei durch Gefangenschaft und spätere Ermordung daran gehindert worden. Soviel zur Legende um Kaspar Hauser. Außerdem weist die Lammstraße in spiegelbildlicher Analogie zur Kreuzstraße zum sechzehn Kilometer vom Schloßturm entfernten Sonnenorakel von Malsch und damit in die Zeit von Atlantis.

Karlsruhe und seine außergewöhnliche Symbolik waren also die Ursache für Ihr Interesse an Atlantis, das sich später für Sie zu einer Art Leidenschaft entwickelte?

Ja, bei meinen späteren Studien stieß ich dann auf die berühmte Karte des Piri Reis, des osmanischen Flottenkommandanten, die aus dem Jahre 1513 stammt und anerkanntermaßen geographische Gegebenheiten exakt wiedergibt, die man eigentlich erst aus großer Höhe - also von einem Flugzeug oder einem Satelliten aus - wahrnimmt. Eine wissenschaftliche Situation, bei der man annehmen muß, daß die kartographischen Details eben aus einer alten Kenntnis heraus gezeichnet wurden. Grönland erscheint darauf noch völlig frei als das »grüne Land«, das - nach den Mythen - das Hauptsiedlungsgebiet der Hyperboreer gewesen ist.

Däniken-Fans kennen diese Karte des Piri Reis schon seit einem Vierteljahrhundert. Sie war für ihn ein erstes Indiz für die Behauptung, daß diese Erde in prähistorischer Zeit Besuch von Außerirdischen hatte, die irdisch Auserwählten – vielleicht Priestern oder Wissenschaftlern – Gelegenheit gegeben haben sollen, von ihren Raumschiffen aus den Planeten einfach mal von oben zu sehen. Sie meinen aber, daß die Urbewohner dieser Welt ihre Brüder aus dem Kosmos überhaupt nicht nötig hatten, sondern daß beispielsweise die Atlantider über eigene hochtechnische Möglichkeiten verfügten?

So ist es. Diese Dinge, die ich hier zum Beispiel über Karlsruhe berichte, müssen die Erkenntnisse Dänikens nicht ausschließen. Es ist sicher denkbar, daß in prähistorischer Zeit die Erde ein Landeplatz raumfahrender Zivilisationen gewesen ist, daß aber die Atlantider wiederum durch ihr ganzheitliches Lebensprinzip eine Hochkultur aus eigener Kraft geschaffen haben, die überall auf der Welt ihre Spuren hinterlassen hat.

Also auch in Karlsruhe, einem wohl auch zur damaligen Zeit geologisch günstig gelegenen Ort, wobei man wohl davon ausgehen muß, daß der von Ihnen genannte Weise von Atlantis ein Überlebender der Katastrophe oder schlicht ein Auswanderer gewesen ist. Die alten Straßen von Karlsruhe, so sagen Sie, verlassen das Zentrum fächerförmig, und es ist wohl davon auszugehen, daß sie andere geomantische Punkte in Europa berühren?

Dies ist wohl etwas zu weit gegriffen, aber auf jeden Fall in der näheren und weiteren Rheinebene. Darüber hinaus habe ich bei meinen monatelangen Studien festgestellt, daß Karlsruhe in einer ganz mysteriösen Weise Schnittpunkt sehr vieler geomantischer Linien ist. Die Problematik der Geomantie kann hier – da wir es ja nicht mit sichtbaren Linien zu tun haben – nur angedeutet werden. Die Geomantie ist auf jeden Fall in Räumen, die überschaubar sind, auf Karten nachzuvollziehen. Bei großräumigen Flächen, die über Deutschland oder ganz Europa gehen, ist das schwieriger. Außer der Pyramide und dem Strahlenkranz hat mich auch ein Vorort von Karlsruhe neugierig gemacht, nämlich Knielingen, dessen Dorfwappen das Pentagramm ist, das auch Drudenfuß oder Druidenfuß genannt wird. Das Pentagramm ist aus den Geheimwissenschaften bekannt als das Zeichen des Menschen, als das Zeichen der Quintessenz, der Schöpfung, der Quinta Essentia. Quinque ist die Fünf.

Das Pentagramm kommt im »Faust« vor als das Zeichen, dem sich selbst der Teufel beugen muß. »Das Pentagramma macht dir Pein? Ei sage mir, du Sohn der Hölle, wenn das dich bannt, wie kamst du denn herein?« läßt Goethe seinen »Faust« sagen.

Ja, genau. Im Grunde ist das Pentagramm das alte Abwehrzeichen des Bösen, und ich habe mich gefragt, wie kommt dieser alte Drudenfuß in das Dorfwappen einer kleinen Gemeinde bei Karlsruhe? Was ich jetzt sage, ist eine Theorie, aber es ist möglicherweise so, daß dieses Pentagramm in dem Vorort Knielingen das Abwehrzeichen ist, um die Sonnenstadt Karlsruhe zu schützen. Denn jetzt wird es spannend. Vor drei Jahren fand ich in einem kleinen Gedichtband des elsässischen Heimatdichters G. C. Pfeffel, der von 1735 bis 1809 gelebt hat, ein Gedicht mit der Überschrift »Die Pyramide«. Es beginnt mit den Worten »In einer Stadt der Atlantiden stand auf einem großen Platz sonst eine Pyramide ...«. Da hat es bei mir wirklich gefunkt. Da waren zu viele Dinge miteinander verbunden: das Pentagramm von Knielingen, die Pyramide auf dem Marktplatz, der merkwürdige Zirkel um Karlsruhe – der an atlantidische Stadtgründungen erinnert, denn auch die Hauptstadt von Atlantis soll kreisförmig angelegt gewesen sein – und dieses Gedicht von Conrad Gottlieb Pfeffel aus dem Jahre 1809. Wie kommt ein Heimatdichter aus Colmar im Elsaß dazu zu schreiben: »In einer Stadt der Atlantiden stand auf einem großen Platz sonst eine Pyramide ...«? Meine Erklärung ist folgende: Pfeffel ist in seinen letzten Lebensjahren erblindet und hatte damals Kontakt zu einem der größten Okkultisten des vorigen Jahrhunderts, zu Jung-Stilling. Dieser Mediziner hat Pfeffels Augenleiden behandelt. Professor Jung-Stilling selbst war einer der Gelehrten des Karlsruher Hofes und hat möglicherweise mit seinen Kollegen, die über die Geschichte und die Gründung von Karlsruhe gewußt haben, darüber gesprochen, daß Karlsruhe eine Wiederbegründung einer atlantidischen Siedlung ist. Denken Sie an den Modellbau in Malsch, so ist es möglich, daß Pfeffel zu Recht geschrieben haben kann, daß eben in dieser Stadt der Atlantider eine Pyramide steht. Im übrigen weisen meine akribischen geomantischen Forschungen, die wir in der »Zeitschrift für Kosmosophie« ausführlich veröffentlicht haben, darauf hin, daß Karlsruhe eine Stadt der Atlantider gewesen sein könnte.

Jens Möller, das Karlsruhe, wie es sich heute als »Tor zum Schwarzwald« präsentiert, ist so alt doch wiederum nicht.

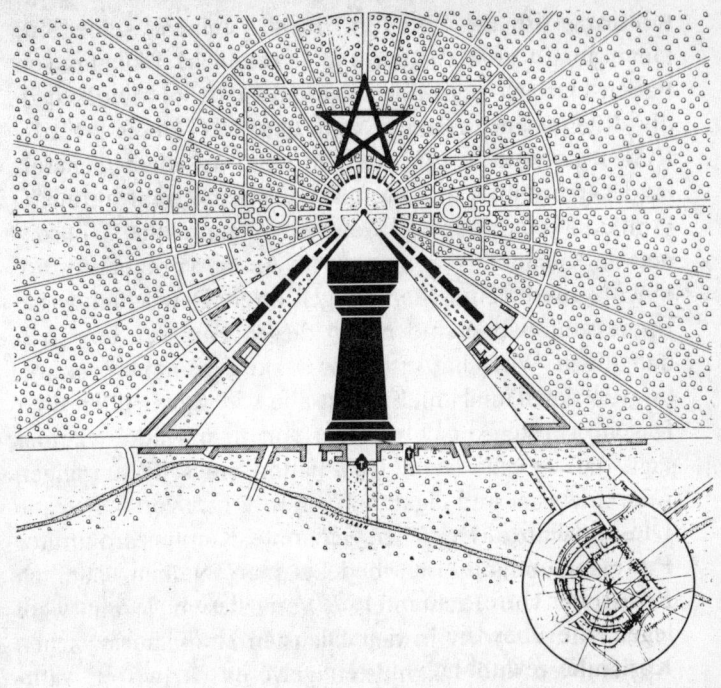

Der bekannte Strahlenkranz um den Karlsruher Schloßturm in einer Grundriß-Studie der Stadtgründung aus dem Jahre 1723. In den nach Süden sich öffnenden Straßen-Fächer mit dem rechtwinkligen Dreieck am Schloßturm ist eine Seitenfläche der Cheops-Pyramide eingezeichnet. In diese Fläche wurde der Pfeiler als Teil des Urmaßes aus der für Europa zentralen Weihestätte Externsteine im Teutoburger Wald und als Zeichen gemeinsamen geistigen Ursprungs gesetzt. Über dem Strahlenkranz des Schloßturms befindet sich das Pentagramm als uraltes Symbol von Atlantis, für den Makrokosmos und die Pyramiden. (Zeichnung: Jens Martin Möller)

Karlsruhe ist am 17. Juni 1715 – einem später für Deutschland ja wichtigen Tag – von Karl Wilhelm von Baden-Durlach gegründet worden. Er ist aus Durlach in die Rheinebene gezogen und hat dort dieses »Karls-Ruhe« erschaffen. Ein Studienfreund aus dem Generallandesarchiv in Karlsruhe machte mich darauf aufmerksam, daß verschiedene Akten von einem Wilhelm Förderer von Richtenfels nicht mehr im Archiv vorhanden sind, obwohl dieses eines der bestgeführten Deutschlands ist. Interessanterweise sind neben diesen Papieren über den damaligen Wirtschaftsminister – oder Kammerprokurator, wie das damals hieß – fast alle wichtigen Akten über Kaspar Hauser verschwunden, von dem Rudolf Steiner sagt, daß er eine späte Inkarnation eines hochrangigen Atlantiders sei und eigentlich als Erbprinz von Karlsruhe geboren wurde. Der eben genannte Kammerprokurator hat einen geomantisch bedeutsamen Namen, nämlich »Förderer von Richtenfels«. Von diesem Mann weiß man, daß er vorher in den Diensten eines thüringischen Alchemisten und Okkultisten gewesen ist, wo er wahrscheinlich entsprechende Studien gemacht hat, und ich nehme stark an, daß er so etwas gewesen ist wie ein »Eingeweihter«. Karlsruhe ist so exakt in die geomantischen Gegebenheiten hinein konzipiert, daß dies nur ein Wissender hat machen können. Deswegen war ich auch sehr glücklich, als ich in einer Schloßbibliothek einen Hinweis fand, der besagt, daß es eine alte megalithische Kulturtradition ist – wahrscheinlich aus atlantidischem Erbe – jeweils von einem Mondheiligtum aus ein Sonnenheiligtum zu gründen. Dies habe ich dann auf der Karte studiert und herausgefunden, daß von dem kleinen Ort Büchelberg in der Pfalz unter den genau dort genannten Gesetzmäßigkeiten – nämlich unter einer Winkelabweichung von sechs Grad gen Ost – diese Sonnenstadt Karlsruhe gegründet worden ist, so daß man sagen kann, daß diese Stadt mit ihrer heute etwa zwei Kilometer langen Kaiserstraße exakt auf diesen Ort in der Pfalz ausgerichtet ist. Der Schloßturm ist, wie gesagt, in einer Winkelabweichung zu diesem Büchelberg angepeilt, was alte geomantische Meßtradition ist.

Das bedeutet also: Landvermessung in prähistorischen Zeiten. Da stellt sich natürlich die Frage, wie haben die das gemacht?

Ja, das fragt man sich heute mit dem Wissen der modernen Geodäsie. Mir liegt die Satellitenaufnahme des Südschwarzwaldes vor, auf der zu sehen ist, wie von dem Elsässer Belchen aus die verschiedenen Berge, diese Belchen, unter der Maßgabe der sogenannte Lichtmeßtage angepeilt sind. Und zwar der kleine Belchen in der Nähe von Colmar am Tage der Mittsommersonnenwende, zum morgendlichen Aufgang, der Schwarzwalder Belchen in der Nähe von Freiburg exakt zur Tagundnachtgleiche, nach Osten ausgerichtet, und der Belchen bei Olten in der Schweiz ganz genau zur Wintersonnenwende.

Dies klingt alles recht geheimnisvoll, aber die Geomantie ist wohl nicht das Privileg unserer unmittelbaren geographischen Umgebung, sondern diese Punkte – verbunden durch ein unsichtbares Netzwerk – gibt es schließlich auf der ganzen Welt.

Sicher. Und sie scheinen überall dort in die Landschaft hineingesetzt worden zu sein, wo megalithische Kulturen sind. Es scheint drei atlantische Zentren in Europa zu geben: eines in Portugal an der Atlantikküste, dann der sogenannte Klusfelsen in der Nähe von Goslar im Harz und die Externsteine bei Detmold, die ja bekannt sind als Mysterienstätte des Abendlandes. Dort sollen sich unter bestimmten mantrischen Anrufungen Lichtwesen von Atlantis zeigen. Auch die Kathedrale von Chartres ist ja eine der geheimnisvollsten Kirchen Europas, die auf dem Platz einer alten Druidenschule erbaut worden sein soll.

Auch ein geomantischer Punkt, einer der Kraftorte unseres Planeten?

So ist es. Ein weiteres wichtiges geomantisches Zentrum soll die polnische Stadt Krakau sein und andere Punkte auf anderen Kontinenten, die zum Teil in den Hochgebirgen liegen.

Wer die Kathedrale von Chartres besucht, der spürt ihre ganz besondere Atmosphäre. Hier sind auch viele Symbole der Esoterik enthalten, beispielsweise eine in den Boden gelegte Spirale, die man abschreiten kann, um in einen tranceartigen Bewußtseinszustand zu gelangen. Und wenn man ein paar hundert Kilometer weit in den Westen Frankreichs weiterfährt, kommt man zu den geheimnisvollen Menhiren von Carnac, die seit kurzer Zeit unter Denkmalschutz stehen. Sind es Überbleibsel einer atlantidischen Kultur?

Diese Steine werden recht unterschiedlich interpretiert. Es gibt Anhänger der »Ancient Astronaut Society«, die sagen, daß es eine Art Bodenstation für außerirdische Astronauten gewesen ist. In der Tat haben Untersuchungen gezeigt, daß diese Steine in ihrer mikrokristallinen

Struktur durchaus in der Lage sind, als eine Art Empfänger zu fungieren. Auf der anderen Seite sind diese Dolmen, Menhire und Steine so angeordnet, daß heute auch die etablierte Geschichtswissenschaft bestimmte astronomisch-mathematische Gesetzmäßigkeiten anerkennen muß, Gesetzmäßigkeiten, die der Geodäsie und der Geomantie entsprechen.

Also möglicherweise Visitenkarten von Atlantis? Dr. Möller, ein wesentlicher Punkt sollte noch angesprochen werden. Es war hier immer wieder von der Blutgruppe 0 die Rede. Diese Theorie wurde ja vor mehr als fünfzig Jahren von den Nationalsozialisten aufgegriffen, um ihre Idee von einer Herrenrasse durchzusetzen. Auch verschiedene germanische Symbole wie das Hakenkreuz wurden von ihnen ideologisch mißbraucht. Könnte es sein, daß die Nazis den Geheimnissen von Atlantis auf der Spur gewesen sind?

Die Nationalsozialisten sind in einer merkwürdigen Weise an der Frühgeschichte Deutschlands interessiert gewesen. In Zusammenhang mit dem sogenannten Ahnenerbe ist sehr viel Geomantie betrieben worden. So sollte die aus dem siebzehnten Jahrhundert stammende Wewelsburg in der Nähe von Paderborn zur Ordensburg der SS gemacht werden, weil diese Anlage ebenfalls auf einem bedeutsamen geomantischen Punkt liegt. Hitler und Himmler sind von der Atlantis-Sage fast magisch angezogen worden, um mögliche Erfahrungen aus dieser Zeit für ihre Zwecke zu mißbrauchen. Hier sollten wir die Polarität zwischen Kaspar Hauser, dem möglichen badischen Erbprinzen, und Adolf Hitler ansprechen. Hauser kam aus dem »Fürsten*hause*«, dies ist semantisch, also von der Wortwahl her, sehr interessant. Hitler war der, der aus der *Hütte* kam, nämlich aus dem Waldviertel. Unglaublich ist auch die Tatsache, daß dreihundert Meter entfernt von diesem Sonnenorakel Malsch bei Karlsruhe der westlichste Führungsbunker von Hitler gewesen ist, den ich vor einigen Jahren im Waldboden entdeckt habe, bedeckt mit den Symbolen des Nationalsozialismus. Es ist also sicher, daß Hitler und sein enger Kreis von diesen alten okkulten Überlieferungen gewußt haben.

Die sie für ihre Zwecke mißbrauchen wollten?

Ja, denn Geomantie ist auch immer der Gebrauch von politischer und menschlicher Macht gewesen.*

---

* Eine ausführliche Beschreibung der Theorien von Dr. Jens M. Möller finden Sie in seinem Buch »Die Geomantie von Mitteleuropa – Spuren von Atlantis«. Mit zahlreichen Abbildungen. Im Aurum-Verlag, Freiburg.

Eine Landkarte aus Stein

Rolf Röttges und seine mysteriösen Fundstücke

Die Insel Lanzarote, wie überhaupt der gesamte Kanarische Archipel, soll Teil des versunkenen Atlantis sein. Vor zweihundertfünfzig Jahren wüteten sieben Jahre lang ohne Pause über dreißig plötzlich ausgebrochene Vulkane und brachten Not und Elend über das Land. Inzwischen ist die von erstarrter Lava überzogene Insel ein Symbol für die Unzerstörbarkeit des Lebens. Aus dem karstigen Gestein leuchten Moose und Blumen; in der von Menschen gemahlenen Vulkanerde wächst ein guter Wein. Jedes Jahr kommen mehr Touristen, die sich vorzugsweise im lärmenden Puerto del Carmen breitmachen, aber auch schon die bisher ruhige Costa Tequise entdeckt haben.

Mitten über dieser Hektik thront »Willy, das Steinmännchen«. Nur wenige kennen seinen richtigen Namen. Er ist Schwede und hat sich vor dreißig Jahren in der Einöde über der Küste sein Haus gebaut. Mittlerweile ist es ein Garten Eden geworden.

Willy hat nur eine Leidenschaft: Kurz vor Sonnenaufgang spaziert er in die Vulkanberge, um im scheinbar wertlosen Geröll nach steinernen Kostbarkeiten zu suchen. Inzwischen hat er mehrere Räume seines Hauses mit Relikten ferner Tage ausgestattet. Schon ist er dabei, Überlegungen für die »Zeit nach Willy« anzustellen. Wird überhaupt ein Fremder den Wert dieser Steine einschätzen können? Wird es vielleicht gar ein Museum geben mit all den Felsbrocken, die Willy unter dem Vulkangestein von Lanzarote gefunden hat?

Mögen diese Steine für andere wertlos sein, für Willy sind sie Souvenirs aus atlantidischer Zeit. Tatsächlich erkennt man bei entsprechender Beleuchtung menschenähnliche Gesichter, Köpfe vorsintflutlicher Tiere, die höchstens unsere Fabelwelt bevölkern: Vögel mit zwei Köpfen, das legendäre Einhorn, kamelartige Wesen, die ins Reich der Phantasie zu gehören scheinen.

»Es sind geistige Projektionen einer untergegangenen Zivilisation«, erklärt Willy. »Wir haben es hier mit einem steinernen Fotoalbum aus längst vergangenen Tagen zu tun.«

Er ist fest davon überzeugt, mit seinen Funden auf frühes atlantidisches Leben gestoßen zu sein.

Über dreitausend Kilometer nordöstlich lebt in Mönchengladbach der Kaufmann Rolf Röttges, der seit drei Jahren engagierter Atlantis-Forscher ist und eine kleine Erbschaft dazu nutzte, ohne berufliche Zwänge in den Kiesgruben seiner Heimat nach steinernen Beweisen für die untergegangene Zivilisation zu suchen. Hinweise auf Atlantis fand der 1940 geborene Röttges in den Büchern von Edgar Cayce und in Jane Roberts »Gespräche mit Seth«[*].

Röttges reiste auf die Azoren, fotografierte und forschte. Ähnlich wie »Willy – das Steinmännchen«, hat er auch Steine gefunden, die Menschen- und Tierköpfen ähneln. Seine wohl überzeugendste Ausbeute ist ein Felsbrocken aus einer Kiesgrube bei Mönchengladbach, in dem Rött-

---

[*] Erschienen im Ariston-Verlag, Genf.

Linke Seite: Rolf Röttges aus Mönchengladbach mit einem von ihm gefundenen Felsbrocken, der eine Reliefkarte des versunkenen Atlantis darstellen soll.

Eine Laune der Natur oder tatsächlich Abbildungen prähistorischer Menschen und Tiere?

Linke Seite: Willy vor seinem Haus auf Lanzarote, in dem er seine Fundstücke aus der Frühzeit der Insel aufbewahrt.

ges eine prähistorische Land- und Seekarte von Atlantis sehen will. Erstaunlich ist die Gegenüberstellung seines Fundstückes mit einer Weltkarte der Gegenwart. Die in den steinernen Reliefs erhöhten Punkte – laut Röttges Gebirgszüge des versunkenen Kontinents – decken sich maßstabsgetreu mit den Inselstaaten, die nach der Überlieferung Reste von Atlantis sein sollen.

Herr Röttges, was fasziniert Sie so sehr an Atlantis, von dem die Historiker noch nicht einmal wissen, ob es wirklich existiert hat?

Mich fasziniert die Geisteshaltung und die Kultur der Atlantider, die so hoch entwickelt war, daß man sie sich heute nicht mehr vorstellen kann. Ihre Ausdruckskraft war multidimensional.

Aber nirgendwo auf dieser Erde gibt es doch ein Museum, in dem atlantidische Fragmente ausgestellt sind, nirgendwo gibt es Zeugen atlantidischer Malerei und Literatur. Woher wissen Sie von Atlantis?

Zunächst mal ist es ein inneres Gefühl, ein innerer Drang. Aber es stimmt nicht, daß es keine Überbleibsel von Atlantis gibt. Sie sind in solcher Fülle vorhanden, daß auch wir hier in Deutschland jeden Tag darauf treten. Manche Leute holen sich Steine in ihren Garten und wissen gar nicht, daß sie aus der Atlantider-Zeit stammen.

Sie sind in Ihrer Heimat – in der Gegend um Mönchengladbach – einfach in Kiesgruben gestiegen und haben dort nach Felsbrocken gesucht, auf denen Sie Abbilder von prähistorischen Lebewesen vermuten: Menschen, Tiere und

Pflanzen. Aber Sie sollen auch eine Art steinerne Karte von Atlantis besitzen?

Dies alles ist richtig. Es besteht eine gewisse Parallelität in unserer Zeit zu Atlantis. In manchen Steinen kann ich die Porträts von atlantidischen Herrschern erkennen, die sich vervielfältigen. Mancher Stein, der uns vor Augen kommt, ist eine *Botschaft* für uns. Es gibt zwar Steine, die aus Felsmassiven brechen, in Wasserläufe fallen und dort abgewaschen werden, aber die Steine aus unseren Kiesgruben sind von unterschiedlicher Art, Herkunft und Farbe. Wie also kommen diese Steine in Kiesgruben, in denen normalerweise gar kein Felsgestein vorhanden ist?

Ich fasse noch einmal zusammen: In den vielen Steinen, die Sie aus Kiesgruben in Ihrem Haus gesammelt haben, sind Gesichter zu sehen, die Menschen aus dem Reich von Atlantis darstellen. Sind dies ihrer Ansicht nach so etwas wie geistige Projektionen in Materie, oder sind das Arbeiten von Kunsthandwerkern. Hat hier jemand modelliert?

Es hat jemand modelliert. In den Tausenden von Jahren, in denen Atlantis existiert hat, gab es für die dortigen Künstler jeweils zwei beliebte und daher immer wiederkehrende Motive: die Gesichter der weisen Herrscher und der Poseidon-Tempel, der als eine Art Zentrum der Ahnenverehrung diente. Wir kennen diese Arbeiten ja auch aus der neueren Geschichte von den Griechen, Etruskern und Römern bis hin zu den Kaiserbüsten und Feldherrenporträts der Neuzeit. Die Anfänge dieses Kults, Menschen in Stein zu verewigen, gab es in Atlantis. In jedem Stein ist – als eine Art Signum – der Poseidon-Tempel vorhanden, bis der Kopf verehrungswürdiger Personen erkennbar wird. Außerdem sind weitere Motive als Hintergrund oder Beiwerk zu finden. Manchmal sind das bis zu vierundzwanzig Tier- und Menschengesichter.

Also, wir würden sagen, so eine Art Gruppenbild mit Herrscher?

Ja, nur ist unser momentanes Kunstbewußtsein kaum in der Lage, diese Hinterlassenschaften von Atlantis auf Anhieb zu erkennen. Sie sind für die damalige Zeit geschaffen, in der die Atlantider mit anderen Sinnen ausgestattet waren und eine andere Wahrnehmungsfähigkeit hatten.

Also etwa so wie unsere Vexierbilder, in die wir uns erst mühsam hineinversetzen müssen, um ihre Bedeutung zu erkennen. Es muß bei diesen Kunstwerken – übrigens auch bei denen unserer Epoche – einen Sender geben, der auf einen geeigneten Empfänger trifft. Kunst entsteht also erst im Betrachter?

Was wir sehen, ist eine reine Projektion unserer Gedanken. Wir sind geprägt von unseren Erfahrungen, von der Religion, der Schule, den Eltern, von unserer gesamten sozialen Struktur. Uns wird mitgeteilt, was wir *zu sehen haben.* Wir sind also auf ein schmales Spektrum der Wahrnehmung zugeschnitten. Wir tun uns deshalb schwer, andere Realitäten wahrzunehmen, die vielleicht wichtiger für uns wären. Wir müssen unser Unterbewußtsein gewissermaßen aktivieren, um andere Ebenen zu registrieren. Eine dieser Ebenen ist sicherlich die Geisteshaltung von Atlantis.

Sie haben in einer Kiesgrube einen Steinbrocken gefunden, in dem wir beim näheren Hinsehen tatsächlich so etwas wie eine Reliefkarte entdecken. Sie haben recht, man muß sich erst lange in den Anblick vertiefen, um Einzelheiten auszumachen. Dann haben Sie eine Karte dieses Gebietes besorgt, in dem die Azoren, die Kapverdischen Inseln, die Kanaren, sowie die Ostküste Südamerikas und die Westküste Afrikas eingezeichnet sind. Beim Vergleich beider Darstellungen haben Sie eine verblüffende Feststellung gemacht?

Ich habe eine normale Weltkarte genommen mit einem Maßstab von eins zu sechsundzwanzig Millionen. Dann habe ich diese Steinplatte auf Diafilm aufgenommen und dieses Lichtbild auf eine Weltkarte projiziert. Dabei konnte ich feststellen, daß sich die höchsten Erhebungen auf der steinernen Abbildung – also die damaligen Bergmassive – originalgetreu mit den Azoren, den Kanaren, den Kapverdischen Inseln und den Bermudas decken. Auch das gesamte dort sichtbare Landmassiv paßt genau in den Atlantik zwischen Amerika und Afrika.

Nun haben Sie diese Steinkarte in der Gegend von Mönchengladbach gefunden, während ihre möglichen Urheber aber dort zu Hause waren, wo heute der Atlantik ist. Wie kommt denn ein solches Stück hierher?

Nun, wenn wir Platon zu Rate ziehen, der ja als erster Historiker über Atlantis schrieb und seine Informationen

Folgende Seite: Fragmente eines steinernen Gesichtes? Rolf Röttges ist überzeugt, ein Relikt aus Atlantis gefunden zu haben.

233

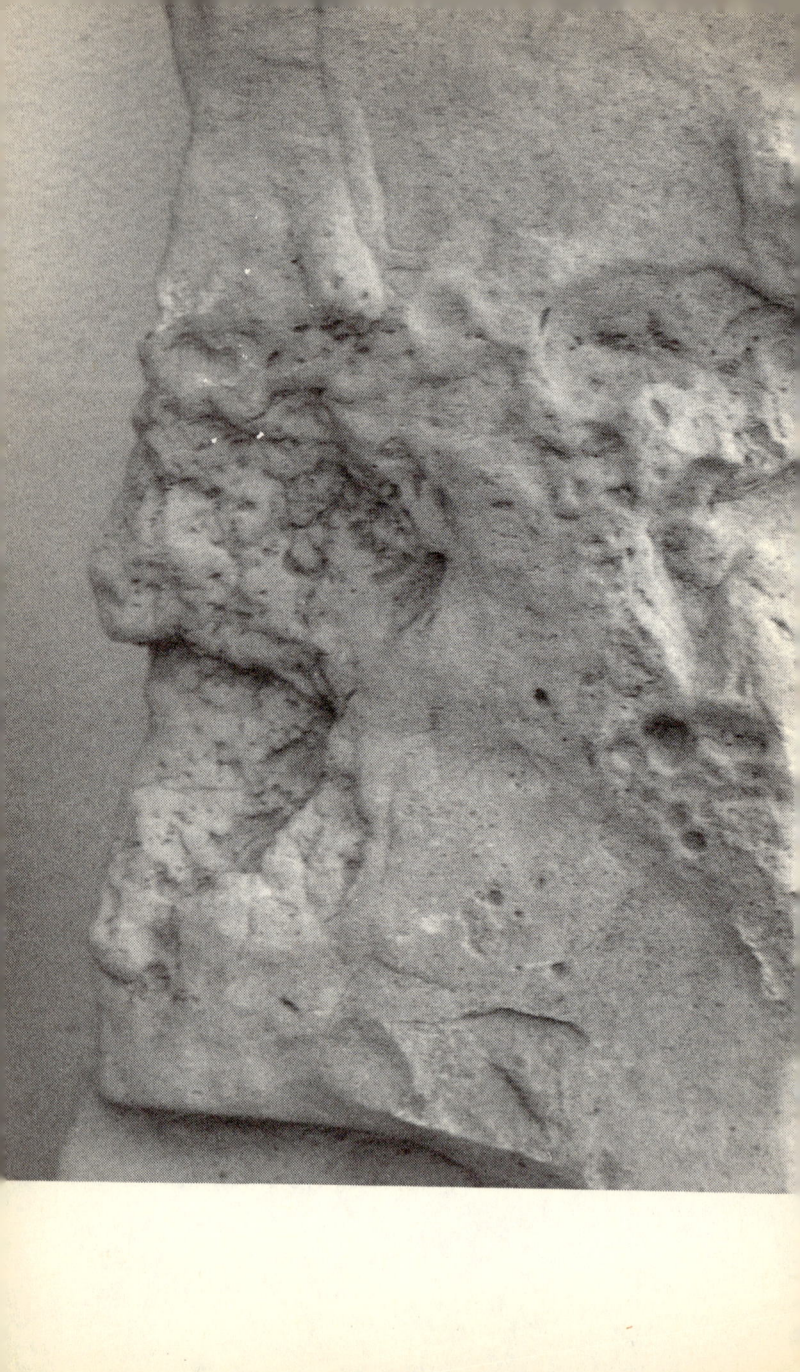

von den ägyptischen Priestern hatte, dann können wir davon ausgehen, daß Atlantis sowohl bis nach Afrika und Amerika, als auch bis ins heutige Europa und hinauf in nordische Regionen reichte. Es war ein Weltenkontinent, denn die Erde in ihrer frühen Phase sah noch nicht so aus, wie wir sie heute kennen. Also müssen auch in unserer Gegend zur damaligen Zeit Atlantider gelebt und ihr Wissen zum Ausdruck gebracht haben.

Angeregt durch Ihre Forschungen sind Sie vor einiger Zeit allein auf die Azoren geflogen, die ja einer der Eckpfeiler von Atlantis gewesen sein sollen. Was war der eigentliche Anlaß dieser Reise?

Zunächst einmal konnte ich alle Aussagen aus den Platon-Berichten und den medialen Aussagen von Edgar Cayce in meinen Steinfunden bestätigt finden. Doch ich mußte auch meine eigenen Erfahrungen machen. Es war wie ein innerer Drang. Ich mußte einfach hin und mir Gewißheit verschaffen. Und ich glaube, ich habe Reste der ehemaligen atlantidischen Hauptstadt gefunden, die nicht mit untergegangen sind. Sie stehen auf einem Energiekreuzungspunkt. An solchen geomantisch wichtigen Stellen siedelten ja die Atlantider, damit die Haltbarkeit gewährleistet war. Es herrschte eine Art Konservierungseffekt.

Was hatten Sie für ein Gefühl, als Sie aus dem Flugzeug stiegen und dort waren, wo Sie schon immer mal hin wollten?

Folgende Seite: Mit Sicherheit ist dieser Stein in der Röttges-Sammlung einmal bearbeitet worden. Enthält er eine bisher nicht entzifferte Botschaft?

Ich hatte ein Gefühl der Wärme, der Geborgenheit. Ich hatte das Gefühl: Hier bist du zu Hause. Ich hatte auch ganz bewußt vorher kein Hotel gebucht, sondern bin abends um neun Uhr aus dem Flugzeug gestiegen, ohne eigentliches Ziel vor Augen. Obwohl alle Hotels belegt waren, hatte ich nach zehn Minuten ein Privatquartier.

Gibt es denn irgendwelche mentalen Indizien dafür, daß Sie vielleicht einmal in Atlantis gelebt haben?

In meinen Träumen steigen immer wieder atlantidische Bilder auf. In meinem Wachbewußtsein fühle ich mich zu der Ideologie der Atlantider hingezogen, zur Brüderlichkeit untereinander, zu ihren einmaligen geistigen Fähigkeiten und der großen Toleranz und Harmonie der frühatlantidischen Epoche. Alle diese Eigenschaften sind in der heutigen Zeit kaum spürbar. Ich möchte mit meinen Forschungen unserer Gesellschaft einen Hinweis auf die grenzenlosen Möglichkeiten der geistigen Entwicklung geben, die ohne Anstrengungen jedoch nicht auf ewige Zeiten zu sichern sind. Das Ereignis, das schließlich zur Vernichtung von Atlantis führte, kann auch in unserer Zeit eintreten.

Das heißt also, wir sind ein Spiegel von Atlantis?

Wir sind ein *Spiegel* von Atlantis. Und wir *sind* Atlantis. Die Atlantider waren unsere Vorfahren, aber gleichzeitig waren viele von uns Atlantider, die in unserer Zeit wiedergeboren wurden. Sie haben damals ihre Fehler gemacht und sind aufgerufen, die heutige Menschheit vor einer Katastrophe zu bewahren.

Wäre dies eine technische oder eine ökologische Katastrophe?

Ich denke eher an eine kosmische Katastrophe, aber hervorgerufen durch negative Gedankenformen der Menschheit, die damit den Kosmos – also die Ordnung – in das Chaos – also die Unordnung – verwandeln. Haß und Gewalt in Handeln und Denken erzeugen Schwingungsfelder, die zur Zerstörung der Materie führen.

Also falsches Denken, das falsches Handeln einschließt. Sie haben eben die Überlegung angesprochen, daß Menschen, die zwischen 1940 und 1951 unter bestimmten astrologischen Bedingungen geboren wurden, ehemalige Atlantider sind. Ein Medium sagte mir, daß sie sich wieder aufteilen in »Erinnerer« und »Nicht-Erinnerer«. Die ersteren arbeiten – jeder für sich allein und ohne bewußte Anlehnung an frühere Gruppierungen – an der Erneuerung der atlantidischen Werte. Rechnen Sie sich dazu?

Auf jeden Fall. Meine Arbeit tue ich aus einem inneren Antrieb. Ich bin bestimmt dazu ausersehen, mit meinen atlantidischen Brüdern und Schwestern die Menschheit aufzurütteln, damit ein *Umdenkungsprozeß* stattfindet. Ich kann allerdings nicht bei einem Menschen voraussetzen, der sich noch niemals mit dieser Materie beschäftigt hat, daß er mir ohne weiteres glaubt. Ich bin auf Diffamierungen gefaßt, und ich bin sicher stark genug, diese zu ertragen.

Zurück zu ihrer Reise auf die Azoren. Sie meinen, daß Sie dort Fragmente der alten Atlantis-Metropole entdeckt haben, aber auch andere Relikte aus einer fernen Epoche?

Am Strand lag ein Stück Treibholz, das dort normalerweise eingesammelt und zum Heizen verwendet wird. Mir fiel aber sofort aufgrund meiner Erkenntnisse aus den Steindarstellungen auf, daß es sich hierbei um eine naturgetreue Nachbildung des Poseidon-Tempels handeln mußte, dem Heiligtum, das, wie gesagt, der Ahnenverehrung diente. Ich habe mir einen Wagen gemietet und dieses zwei Meter lange Stück Holz abtransportiert, um es später im Flugzeug mit nach Deutschland zu nehmen.

Nun gibt es ja zu diesem Zwei-Meter-Stück ein »Pendant en miniature«, sozusagen von einem Riesengemälde noch eine Postkarte. Sie haben das gleiche Modell also noch einmal. Wo haben Sie dies her?

Das habe ich auf dem Gelände des ehemaligen Poseidon-Tempels gefunden, von dem kein Mensch auf den Azoren eine Ahnung hat. Man kann aber an der seltsamen Anordnung der Landschaft erkennen, daß dieser Teil der jetzigen Insel künstlich angelegt worden sein muß. Ich bin sicher, daß man zu all diesen Vermutungen erst kommen kann, wenn man sich vorher intensiv – ja fast instinktiv – mit dem Mythos Atlantis auseinandergesetzt hat.

Vielleicht spielt aber auch ein gewisses Wunschdenken hier eine Rolle. Poseidon, dessen Tempel Sie lokalisiert haben wollen, war ja auch ein griechischer Gott. Wie kam der nach Atlantis?

Poseidon war kein Gott, sondern ein weiser Atlantider, von dessen Tempel schon Platon berichtet hat. In ihm soll sich ein Standbild des Poseidon in Gold befunden haben, der von sechs geflügelten Rossen gezogen wurde. Wir können diese Kultstätte vielleicht mit dem heutigen Mekka vergleichen, wo man als gläubiger Mohammedaner eben einmal gewesen sein *muß*. An diesem Ort wurden fünf Zwillingspaare von Poseidon mit einer Frau der irdischen Rasse gezeugt – dies überliefert freilich nur die Sage.

Teilen Sie denn die verschiedenen Theorien, daß Atlantis seinen Ursprung in außerirdischen Zivilisationen hatte?

Ich bin da vorsichtiger. Der Geist – dies ist ganz klar – schafft die Materie. Er ist eine Art Bewußtseinsenergie, die sich im Materiellen ausdrückt. Damit sind unsere eigenen geistigen Energien für das Zustandekommen der Welt verantwortlich. Wenn wir heutige Situationen durchleben, haben wir sie geistig selbst vorbereitet. Manches geschieht unbewußt, weil wir uns über die Wirkung unserer Gedanken nicht klar sind. Wir sind aber auf jeden Fall die Konstrukteure unserer inneren und unserer äußeren Umstände und damit folgerichtig auch die *Erfinder* von Atlantis.

Wie geht ihre Arbeit mit und für Atlantis jetzt weiter?

Zunächst einmal würde ich mich freuen, wenn ich weitere interessierte Menschen kennenlernen könnte, damit dieses multidimensionale atlantidische Wissen zu Beginn eines neuen Jahrtausends wieder *erfühlt* werden kann. Atlantis ist der Mutterschoß von uns allen.

Lebenskeime aus dem Weltraum

Der Astrophysiker Johannes von Buttlar und unsere kosmische Existenz

Johannes Freiherr von Buttlar-Brandenfels kann – zöge er einmal Zwischenbilanz in seinem Leben – auf eine bisher recht abwechslungsreiche Existenz zurückblicken. 1940 in Berlin geboren, lebte er mehrere Jahre in Australien, Malaysia und England, bis er sich mit seiner Frau Elise zuerst auf ein hessisches Schloß, später dann auf eine Burg in Franken zurückzog, um seine Bücher zu schreiben. Mit einer Gesamtauflage von bisher 18 Millionen Exemplaren gehört er zu den fünf erfolgreichsten Sachbuchautoren der Welt.

Stets versucht Johannes von Buttlar, aus der Enge wissenschaftlich begrenzter Dogmatik auszubrechen, um den visionären Leidenschaften der Menschen und ihrer Phantasie gebührend Raum zu geben.

Der Astronom und Physiker tritt für ein universelles Weltbild und für die Theorie ein, daß es in unserem Kosmos »von Leben nur so wimmelt«.

In Büchern wie »Die Einstein-Rosen-Brücke« und »Das UFO-Phänomen« beschreibt er astronomische Möglichkeiten, um gigantische interstellare Entfernungen zu überbrücken. In seinem neuen Werk »Supernova«* geht er davon aus, daß die jüngsten kosmischen Entdeckungen zur Geburt eines neuen Weltbildes führen müssen, nach dem alles in diesem Universum auf bisher nur erahnte Weise miteinander verknüpft ist.

* Erschienen im Herbig-Verlag.

Der Autor und Astrophysiker Johannes von Buttlar ist davon überzeugt, daß der Geist die Materie formte – und nicht umgekehrt.

Johannes von Buttlar: »So wie jede Supernova die Geburt eines neuen Sterns auslöst, so hat jeder Vorgang im Kosmos seine Wirkung auf das Ganze – in allen bekannten und heute noch unbekannten Dimensionen des Universums.«

Johannes von Buttlar, was macht Atlantis für die heutige Zeit so interessant?

Es sind natürlich viele Gründe, warum Atlantis in unseren Gehirnen herumspukt. Zum einen suchen wir unsere Wurzeln immer gerne in einer künstlerisch-kulturellen Hochkultur und – wenn man den esoterischen Quellen glauben kann – auch einer technologisch ausgereiften Epoche – also einer Art Gegenzivilisation –, die aus irgendeinem Grund untergegangen ist. Wir haben also hier ein mögliches geschichtliches Drama vor Augen, in das eine menschenähnliche Rasse verwickelt war. Lassen Sie mich die Suche danach mit dem Aufspüren eines versunkenen Segelschiffes vergleichen, das einen Schatz an Bord hatte. Man hat vielleicht gewisse Hinweise auf das Unglück, aber die Suche nach dem Schiff ist ja schon ein Abenteuer für sich. Bei Atlantis ist es ähnlich. Alles spricht dafür, daß dieser Kontinent geologisch und historisch existiert hat. Wir haben es also nicht nur mit einem Mythos zu tun. Es gibt auch deutliche Hinweise auf seine geographische Lage im Atlantischen Ozean, so daß sich die Suche lohnen könnte. In indischen Überlieferungen stehen Hinweise, daß die Atlantider technische Operationen durchführten, die ungewöhnlich sind für diese prähistorische Menschheitsepoche. Es wird von Flugapparaten gesprochen, von Kristallobjekten, mit denen sie eine Art Lasertechnik installierten. Ich weiß, es klingt spekulativ, aber immerhin gibt es diese Spuren. Wir dürfen uns also nicht wundern, daß viele Menschen fasziniert sind von einer früheren Zivilisation mit scheinbar unvorstellbaren Möglichkeiten.

Medial begabte Menschen berichten in der letzten Zeit im Zusammenhang mit der Atlantis-Sage von Kontakten zu anderen Sternensystemen. Die Plejaden, das Siebengestirn, wird da immer wieder genannt, zu dessen möglichen Planeten es eine geistige Brücke gegeben haben soll. Es gibt ja ernstzunehmende Astrophysiker, die sagen, daß das Leben aus dem All gekommen ist.

Ich denke, Sie haben recht. Besonders Astronomen und Physiker schließen außerirdisches Leben nicht mehr aus, während gerade Evolutionsbiologen da anderer Ansicht sind. Sie sprechen immer wieder vom berühmten *Zufall,* der ja wirklich eine unberechenbare Komponente ist. Die meisten Wissenschaftler sind aber der Ansicht, daß die statistische Wahrscheinlichkeit *für* außerirdische Zivilisationen spricht. Zum anderen gibt es auf der Erde genügend Hinweise, daß untergegangene Hochkulturen existiert haben müssen. Wenn man zum Beispiel Nägel oder Silberfäden in Kohlebergwerken findet, eingekapselt in Schichten, die sechzig Millionen Jahre und älter sind, dann fragt man sich natürlich, ob der »Homo sapiens sapiens« wirklich nur einige hunderttausend Jahre alt ist, genau weiß man dies ohnehin nicht, denn die Anthropologen müssen mit immer neuen Funden immer weiter zurückdatieren. Vielleicht brauchen wir auch gar nicht bis zu den Plejaden zu gehen, denn auch in unserem Sonnensystem hat es vor gar nicht so langer Zeit Ereignisse gegeben, die sich katastrophal auswirkten. Die ganzen Monde und Planeten zeugen ja von violenten Katastrophen. Die Narben, die Kratereinschläge, sind dort nun einmal vorhanden. Auf dem Mars könnten in Zukunft genügend Beweise gefunden werden, die die Existenz humanoider Lebewesen bestätigen, die zumindest diesen roten Planeten als eine Art Basis benutzt haben könnten. In meinem Buch »Leben auf dem Mars« habe ich genügend Indizien und die Bilder der inzwischen berühmt gewordenen steinernen Marsgesichter veröffentlicht. Ein weiterer Hinweis für eine kosmische Katastrophe ist der Asteroidengürtel zwischen Mars und Jupiter, diese unzähligen Gesteinsbrocken, die um die Sonne kreisen. Einige Astronomen vermuten, daß sie die Überbleibsel eines zehnten Planeten darstellen, den sogenannten Phedon. Sollte der durch eine wie auch immer geartete Katastrophe zerstört worden sein, hat dies mit Sicherheit die Erdgeschichte beeinflußt: Klimaveränderungen mit Eiszeiten oder sintflutartigen Regenfällen, Erdbeben und kontinentale Verschiebungen könnten eine mögliche frühe Zivilisation vernichtet haben. Darüber gibt es ja genug Hinweise in den Mythen der Menschen. Sollte es tatsächlich so oder ähnlich gewesen sein, hätte die Evolution des Lebens wieder von vorne beginnen müssen. Wir dürfen nicht vergessen, daß die Erde mit ihren 4–7 Milliarden Jahren ein respektables Alter erreicht hat und dem entgegen die Geschichte des Menschen erstaunlich kurz ist. Geneigte Historiker vermuten, daß Atlantis vor fünfzehn- oder zwanzigtausend Jahren untergegangen ist. Wenn wir allerdings unsere schriftlichen Überlieferungen verfolgen, dann reichen wir höchstens fünftausend Jahre zurück. Alles, was vorher war, liegt im Dunkel der Geschichtsschreibung. Wahrscheinlich ist hier das Rätsel von Atlantis.

Der Astronom Sir Fred Hoyle behauptet, daß die Lebenskeime aus dem Weltall kommen, eingefroren vielleicht in schmutzigen Schneebällen, die wir Kometen nennen?

Im Moment ist diese Theorie wieder umstritten, obwohl ich glaube, daß Hoyle auf der richtigen Spur ist. Evolutionsbiologen wissen, daß die Zeit der knapp fünf Milliarden Jahre Erdgeschichte nicht ausgereicht hat, damit das DNS-Molekül, also das Erbprogramm, entstehen konnte. Vor 3,8 Milliarden Jahren gab es ja schon die ersten Lebensspuren. Im Sedimentgestein in Grönland hat man solche zum Beispiel entdeckt. Hoyle hat durch Computerberechnungen nachzuweisen versucht, daß ein einziges

Eiweißmolekül ungefähr zehn Trilliarden Jahre brauchen würde, um von selbst zu entstehen. Es gibt dieses klassische Beispiel mit dem Affen und der Frage, wie lange es wohl dauern würde, bis dieses Tier die achtundzwanzig Zeichen unseres Alphabets zu einem sinnvollen Satz *durch Zufall* zusammensetzen könnte. Es würde wesentlich länger dauern, als das Universum existiert. Ein Eiweißmolekül hat nun mehr als achtundzwanzig Zeichen. Die Idee, daß diese Lebenskeime in den interstellaren Gaswolken entstanden sind, wo wesentlich mehr Zeit gegeben ist, klingt daher plausibel. Die meisten Sterne in der Milchstraße sind etwa zehn Milliarden Jahre alt, während unsere Sonne und damit unsere kosmische Heimat 4,75 Milliarden Jahre alt ist. Hier könnten die Bausteine des Lebens, die durch Supernova-Explosionen geliefert werden, erste Strukturen gebildet haben. Wenn sie dann eingefroren wurden und von Kometen als eine Art kosmische Flaschenpost durch das All reisten, und ein solcher Kometenkopf dann auf einen frühen Planeten knallte, konnte sich Leben entwickeln, wenn die Ökosphäre des Zielortes entsprechend ideale Bedingungen lieferte. Natürlich ist der Streuverlust enorm, und die Wahrscheinlichkeit, daß diese Lebenskeime den ihnen gemäßen Mutterboden finden, ist sehr gering. Aber die Natur ist verschwenderisch. Wir kennen dies ja aus unserem Garten. Doch wenn es erst einmal soweit ist, daß ein Same aufgeht, mag auch das Darwinsche Prinzip von Mutation und Selektion zum Tragen kommen. Alles spricht dafür, daß das Leben auf unserer Erde in den Tiefen des Alls entstanden ist und hier ideale Bedingungen fand, sich zu entfalten.

Johannes von Buttlar, in Umkehr zur Darwinschen Theorie wird in Zusammenhang mit Atlantis behauptet, daß nicht die Materie zuerst da war, sondern der Geist, der sich eine materielle Basis formte. Dies würde bedeuten, daß das naturwissenschaftliche Weltbild umgestellt werden müßte.

Dafür ist ein totales Umdenken erforderlich, obwohl dieses Prinzip doch sinnvoll ist. Wir müssen dann natürlich zum Anfang des Universums gehen, das heißt zwanzig Milliarden Jahre zurück, wo ja das Rätsel auf uns wartet, warum es zu einer solchen Inflationsphase kam. Damals waren offenbar alle materiellen und geistigen Energieformen zu einer *Superkraft* vereint, einer sogenannten *Supersymmetrie*. Raum und Zeit waren nicht vorhanden, und vielleicht war eine Art *Geistfeld* dafür verantwortlich, daß es überhaupt zu dieser Expansion kam, damit komplexere Strukturen entstehen konnten. Für mich ist das schon einleuchtend, daß der *Gedanke* zuerst da war, meinetwegen der Geist, und dann erst das, was wir als konventionelle Materie und Energie erkennen. Die Naturkräfte sind dann zerfallen, sozusagen herausgefroren worden, weil die Temperatur sank, um später diese komplizierten Systeme zu bilden, die schließlich zu Sternen, Planeten und organischem Leben führen sollten. Die Frage ist auch hier: Was ist zuerst da gewesen, das Ei oder das Huhn? Der Wille, der zu Strukturen führt, oder die Struktur, die einen Gedanken formt? Ich persönlich tendiere eher dazu, daß ein metaphysisches Geistfeld vorhanden ist, außerhalb von Raum und Zeit, das nichts mit den konventionellen Naturkräften zu tun hat, wie wir sie heute kennen. Dieses Feld kann durchaus diese Strukturen hervorbringen. Wir wissen nicht, ob die Modelle, die den Urknall als den Beginn von Zeit und Raum darstel-

22. Juni 1988 ★ BILD ★ Seite 5

Saurierzähne am Meeresgrund beweisen:

Hier lag der 6. Kontinent

Von JÖRG STREY

College Point/Texas – Im Süden des Indischen Ozeans entdeckte ein internationales Wissenschaftler-Team einen versunkenen Kontinent.

Die Geologin Dr. Amanda Palmer von der texanischen Landwirtschafts-Universität: „Wir haben zehn Wochen lang Bohrungen von unserem Expeditionsschiff ‚Resolution' in den Meeresboden getrieben. Wir förderten Teile von Dinosaurierzähnen und Holzkohlestücke zu Tage."

Das beweist: Hier lag der sechste Kontinent.

Dr. Palmer: „Die Landmasse bildete sich vor etwa 90 Millionen Jahren durch Vulkanausbrüche."

Die Wissenschaftler errechneten, daß dabei etwa ein Gebiet von der Größe Argentiniens (2,79 Millionen Quadratkilometer) entstand – das ist 11,2mal die Fläche der Bundesrepublik Deutschland.

Vor 1,6 Millionen Jahren verschwand das Land

Untersuchungen der Bodenproben und Holzstücke ergaben: Das Land war von dichtem Urwald mit subtropischen Pflanzen überzogen. Dinosaurier bevölkerten das Gebiet.

Irgendwann senkte sich das Gebiet ab. Immer mehr Land wurde vom Wasser überspült. Dr. Palmer: „Vor etwa 1,6 Millionen Jahren verschwand es für immer in den eiskalten Fluten."

Heute liegt die Landmasse ungefähr 800 Meter unter dem Meeresspiegel.

Bergspitzen ragen noch aus dem Ozean. Es sind die Kerguela-Inseln, die zu den französischen Überseegebieten gehören.

Dr. Palmer: „Jetzt rätseln wir noch, ob der Kontinent mit der heutigen Antarktis, dem Südpolgebiet, verbunden war."

Ein Hinweis auf Lemuria?

Homo sapiens existierte bereits vor dem Neandertaler

London (dpa). Französische und israelische Wissenschaftler haben in Israel Überreste eines Homo sapiens, gefunden, der bereits zu einer Zeit lebte, als der Neandertaler sich zu entwickeln begann. Die Überreste wurden nach einem Bericht des britischen Wissenschaftsmagazins „Nature" in der Höhle Gafzeh in der Nähe von Nazareth entdeckt. Sie sind etwa 92 000 Jahre alt. Bisher konnte man die Entwicklung des Homo sapiens nur etwa 50 000 Jahre zurückverfolgen.

Nach Angaben von „Nature" deutet der Fund darauf hin, daß der Homo sapiens in dieser Gegend bereits vor dem Neandertaler lebte. Damit werde die gängige Entwicklungsgeschichte auf den Kopf gestellt.

Süddeutsche Zeitung vom Februar 198
Ein Hinweis auf Atlantis?

248

len, so aufrechterhalten werden können. Wir haben zu oft solche Denkvorgänge revidieren und von vorne starten müssen, daß es auch heute viel zu früh wäre zu sagen, daß die *Hintergrundstrahlung* im All auf diesen Urknall hindeutet. Die Tendenz ist im Moment eher, den Urknall abzulehnen und von einer nicht homogenen Inflationsphase zu sprechen, die zu dem Universum, wie wir es heute kennen, führte. Die Erforschung der subatomaren Welt zeigt ganz neue Dimensionen, und gerade hier erkennt man so etwas wie den *großen Gedanken*, der dahintersteckt. Das von Newton begründete mechanistische Weltbild kann nach diesen Erforschungen längst ad acta gelegt werden. Es ist ein Trugschluß zu glauben, daß nur das, was wir anfassen und sehen können, existiert. Dies beweist auch die Chaos-Theorie, eine neue Wissenschaft, die eindeutig nachweist, daß in diesem scheinbaren universellen Chaos immer wieder geordnete Strukturen entstehen. Wenn ein System sich einmal erfolgreich etabliert hat, zieht es weitere ähnliche Gebilde nach sich. Wie ist so etwas möglich? Augenscheinlich nur durch eine treibende Kraft, einen Schöpfer, ein Geistfeld, einen großen Gedanken. So ist diese Idee, daß zuerst der Geist da war und dann die Materie, für mich einleuchtend.

Bibliographie

Einige in diesem Buch verwendeten Zitate stammen aus folgenden Veröffentlichungen:

Buttlar, Johannes von: »Leben auf dem Mars?«, München

Holbe, Rainer: »Botschaften aus einer anderen Dimension«, München

Hermerding, Dr. Siegfried: »Die Magier von Klus«, Hannover

Hermerding, Dr. Siegfried: »Die Externsteine als Mysterienschule«, Hannover

Hermerding, Dr. Siegfried: »Das Erbe der Atlanter«, Hannover

Hoyle/Wickramasinghe: »Evolution aus dem All«, Berlin

Krassa/Habeck: »Licht für den Pharao«, Luxemburg

Zink, David: »Von Atlantis zu den Sternen«, München

Zeitschrift »BIO« 3/4 – 1988

Zeitschrift für Kosmosophie, Karlsruhe, Ausgabe 3/1987

Zeitschrift »2000 – Magazin für Neues Bewußtsein« 74/1988

Die Hörfunkreihe *Unglaubliche Geschichten* läuft jeden Samstag um 18.05 Uhr bei Radio Luxemburg. Eine gleichnamige Fernsehserie wird jeden zweiten Samstag bei RTL PLUS ausgestrahlt.

Bildnachweis:
Dr. Siegfried Hermerding, Prof. Merete Mattern, Dr. Jens M. Möller, David Luczyn und Archiv Rainer Holbe.

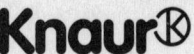

Knaur

Taschenbücher

Band 3868
208 Seiten
ISBN 3-426-03868-4

Verbindungen zu anderen Daseinsebenen sind so alt wie die Menschheit. Während seit dreißig Jahren in aller Welt Menschen mit den sogenannten »Jenseitsstimmen« auf Tonband experimentieren, ist dem Aachener Klaus Schreiber gelungen, Tote auch auf dem Bildschirm sichtbar zu machen.

Nach einem aufwendigen technischen Verfahren, dem Kopieren und Verstärken von Einzelbildern seiner Tapes, scheinen verstorbene Angehörige, aber auch prominente Personen und unbekannte Frauen und Männer auf dem Bildschirm wieder aufzutauchen.

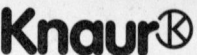

Band 3869
240 Seiten
ISBN 3-426-03869-2

In Italien, wo das Übersinnliche nie in den Verruf kam, nicht
zur Wirklichkeit zu gehören, ist Rainer Holbe Phänomenen
nachgegangen, die auf den ersten Blick unglaublich
erscheinen. Er besuchte Selbsthilfegruppen, in deren Arbeit sich Psychotherapie und archaische Schicksalsdeu-
tung auf erstaunliche Weise verbinden, begegnete Heilern,
deren unerklärliche Künste selbst in öffentlichen Krankenhäusern geschätzt werden, und fand am Rocca di Papa,
dem Papstfelsen, eine Straße, auf der die Schwerkraft auf-
gehoben scheint, ihre Gesetze ins Gegenteil verkehrt sind.
Dem Zweifler steht es frei, die Reise selbst zu unternehmen.

Taschenbücher

Band 1349
320 Seiten
ISBN 3-426-01349-5

Erfahrungen mit dem Übersinnlichen beinhalten die zahlreichen »unglaublichen Geschichten«, die Rainer Holbe für
diesen Band zusammengestellt hat. Es sind Erlebnis-
berichte von namhaften Autoren und Künstlern wie

Johannes von Buttlar, Frank Elstner,
Marie Louise Fischer, Erich von Däniken,
Peter Hofmann, Henry Jaeger, Christine Kaufmann,
Fidelio Köberle, Johanna von Koczian, Bruce Low,
Jürgen Marcus, Ernst Meckelburg, Winfried S. Noe,
Sandra Paretti, Johannes Mario Simmel
Jürgen Thorwald und vielen anderen.

Knaur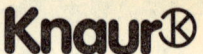

Taschenbücher

Knaur

Kevin McClure

Beweise:
Erscheinungen der Jungfrau Maria

Deutsche Erstausgabe
Mit zahlreichen Abbildungen

Band 3780
224 Seiten
ISBN 3-426-03780-7

Quer durch die Geschichte ziehen sich Berichte von Menschen, denen die Jungfrau Maria erschienen ist. Religiöse Wahnvorstellungen? Scharlatanerie?

Kevin McClure macht es sich mit der Beantwortung dieser Fragen nicht leicht.
Sachlich und objektiv berichtet er von acht besonders wichtigen Erscheinungen und geht den Hintergründen der Begebenheiten nach.